Wilhelm Schäffer

Liturgie/Eucharistie vertieft erfahren

Wilhelm Schäffer

Liturgie/Eucharistie vertieft erfahren

Zur Ehre Gottes – zu unserer Freude

Fromm Verlag

Imprint
Any brand names and product names mentioned in this book are subject to trademark, brand or patent protection and are trademarks or registered trademarks of their respective holders. The use of brand names, product names, common names, trade names, product descriptions etc. even without a particular marking in this work is in no way to be construed to mean that such names may be regarded as unrestricted in respect of trademark and brand protection legislation and could thus be used by anyone.

Cover image: www.ingimage.com

Publisher:
Fromm Verlag
is a trademark of
Dodo Books Indian Ocean Ltd. and OmniScriptum S.R.L Publishing group
Str. Armeneasca 28/1, office 1, Chisinau-2012, Republic of Moldova, Europe
Printed at: see last page
ISBN: 978-613-8-34879-5

Inhaltsverzeichnis

3. Woche: Das Mahl des Herrn

4. Woche: Am Tisch des Wortes

5. Woche: Am Tisch des Brotes

Karwoche und Ostern

- Das Blatt S. 95-96 kann ggf. herausgetrennt und als „Leitkarte“ oder Buchzeichen verwendet werden.

EINIGE LITERATURHINWEISE

Berger, Rupert; Die Feier der Heiligen Messe : Eine Einführung. Freiburg i. Br. : Herder-Verlag, 2009.

Boss, Dorothee; Gottesdienst kompakt. Würzburg : Echter-Verlag, 2009.

Douglass, Klaus; Gottes Liebe feiern : Aufbruch zum neuen Gottesdienst. Emmelsbüll : C & P-Verlag, *1998.*

Grün, Anselm; Die Eucharistie : Verwandlung und Einswerden. Münsterschwarzach : Vier-Türme-Verlag, 2. Auflage 2002.

Guardini, Romano; Vom Geist der Liturgie. Mainz : Matthias-Grünewald-Verlag, 21. Auflage 2007.

Guardini, Romano; Von heiligen Zeichen. Mainz : Matthias-Grünewald-Verlag, Topos-Taschenbuch, 7. Auflage 2008.

Kappellari, Egon; Heilige Zeichen in Liturgie und Alltag. Stuttgart : Verlag Katholisches Bibelwerk.

Lubich, Chiara; In Brot und Wein. München : Verlag Neue Stadt, 1977.

Schwarz, Andrea; Die Messe verstehen in 15 Schritten : Ein Durchblick-Buch für Neugierige. Freiburg i. Br. : Herder-Verlag.

Tanner, Leo; Eucharistie : Ein Weg der Wandlung. Verlag BE-Team, 1999. Nur direkt über D&D Medien, Gewerbestr. 5, 88287 Grünkraut erhältlich.

Wie Katholiken Messe feiern : Eine Verstehenshilfe für interessierte Gäste. München : Deutscher Katechetenverein, 2008.

Sonntags in der Kirche : Ein Kursbuch für Begleiter. München : Deutscher Katechetenverein, 2009.

Beides nur direkt bei dkv, Preysingstr. 97, 81667 München erhältlich.
Internet: https://www.katecheten-verein.de/shop

Arbeit mit einer Gruppe

Man kann dieses Buch auch als Grundlage für einen *„Geistlichen Übungsweg“ mit einer Gruppe* gebrauchen. Zu diesem Zweck gibt es eine Arbeitshilfe, die beim Autor kostenlos als E-Mail-Anlage (im DOC- und PDF-Format) angefordert werden kann!

- *Bestellen Sie bei:* wilhelm.schaeffer@web.de

ZUR EINFÜHRUNG

Krise der Liturgie

Kerzenschein, Musik und Gesang, ein schön geschmückter Raum, viele Menschen beisammen – kein Zweifel: Hier wird ein Fest gefeiert! Es ist Sonntag; die Gemeinde hat sich in ihrer Pfarrkirche zum Gottesdienst versammelt. So gesehen, müssten alle Leute gerne und mit Freude zum Gottesdienst kommen. Wer feiert nicht gern ein Fest mit? Leider hat man nicht den Eindruck, dass das bei den gewöhnlichen Gottesdiensten in unseren Gemeinden der Fall sei. So mancher Gläubige „erfüllt seine Sonntagspflicht" und sitzt den Gottesdienst nur ab. Von Freude und Begeisterung keine Spur, oft nicht einmal von aktiver Teilnahme. Versteht man nicht, was man da feiert, und findet daher keinen inneren Zugang dazu?
Die Krise des Glaubens und der Kirche, die wir in unseren Tagen wahrnehmen, ist offenbar auch eine Krise des Gottesdienstes. Umso dringlicher erscheint es, einen tieferen Zugang zur Liturgie zu ermöglichen: zu ihren Formen, Vollzügen und Symbolen, zu ihrer geistlichen Bedeutung und zu ihren Lebensbezügen. Immerhin ist sie eine der grundlegenden Äußerungen kirchlichen Lebens. Da Liturgie gewöhnlich öffentlich stattfindet, stellt sie auch eine Art „Aushängeschild" der Kirche dar.

Erneuerung durch das 2. Vatikanische Konzil

Die Reformen des 2. Vatikanischen Konzils wollten auch den Gottesdienst erneuern. Sie bahnten den Weg zu einer volksnäheren und leichter mitvollziehbaren Liturgie. Es wurde üblich, die jeweilige Volkssprache zu gebrauchen. Aufgewertet hat man die Verkündigung des Wortes Gottes innerhalb und außerhalb der Eucharistiefeier. Vor allem aber bekam die Liturgie eine neue *Bedeutung:* Nicht länger sollte sie ein „Kult" sein, zelebriert von eigens dafür bestellten und vom Volk abgehobenen Priestern, während die einfachen Gläubigen nur „beizuwohnen" brauchten (und manchmal nicht einmal richtig teilnahmen, sondern Anderes taten, z.B. den Rosenkranz beten bei der heiligen Messe...). Liturgie ist nun zur Feier des ganzen Volkes Gottes geworden – entsprechend dem Kirchenverständnis des Konzils. Sie ist Ausdruck von kirchlicher Gemeinschaft. Eine aktive, bewusst vollzogene Teilnahme, ja Mitwirkung aller wird ausdrücklich gewünscht und gefördert. Gottes Volk feiert den auferstandenen Christus in seiner Mitte, dem es Erlösung, neues Leben, Gemeinschaft und Hoffnung auf Vollendung verdankt.

So richtet die Kirche ihre ganze Sorge darauf, dass die Christen diesem Geheimnis des Glaubens nicht wie Außenstehende und stumme Zuschauer beiwohnen; sie sollen vielmehr durch die Riten und Gebete dieses Mysterium wohl verstehen lernen und so die heilige Handlung bewusst, fromm und tätig mitfeiern, sich durch das Wort Gottes formen lassen, am Tisch des Herrenleibes Stärkung finden." [1)]

Manche trauern dem geheimnisvoll-mystischen Charakter der traditionellen Liturgie vor dem Konzil nach. Die neuen Formen sind ihnen zu nüchtern, sprechen zu sehr nur den Verstand an. Traditionalisten pflegen weiterhin die alten Formen und die lateinische Sprache. Nun hindert ja nichts daran, auch die neue Liturgie entsprechend feierlich (auch einmal in Latein) zu gestalten. Die eigentliche Chance der liturgischen Erneuerung durch das Konzil wird allerdings noch viel zu wenig wahrgenommen: das Entstehen einer neuen „Mystik der Gemeinschaft". Zuweilen (etwa in Gottesdiensten geistlicher Gemeinschaften) kann man sie erleben: Weil alle Teilnehmenden aus einer persönlichen Christusbeziehung leben und sich als Gemeinschaft verstehen, wächst in der Feier eine dichte Atmosphäre der Anbetung, der Freude, der Zusammengehörigkeit. Das Wirken der Gnade Gottes und die inspirierende Kraft seines Geistes werden erfahrbar. Selbst bei sonst eher schlichter Gestaltung spürt man das. Man erlebt kreative Mitgestaltung und tiefe innere Anteilnahme. Das kann faszinieren und anziehend wirken – sogar für kirchenfremde, aber geistig suchende Menschen!
Hier zeigt sich auch: Erklärungen allein erneuern die Liturgie noch nicht. Es braucht eine Vertiefung des persönlichen Glaubens, eine Erfahrung erlösten Daseins und einer vom Glauben geformten Gemeinschaft. Wer sich als „Jünger/in von Jesus" versteht und erlebt, findet fast von selbst Zugang zum Gottesdienst. Gern wird er seinen Glauben in Gemeinschaft mit anderen feiern – und durch seine Teilnahme mit vollem Herzen trägt er selbst mit dazu bei, dass diese besondere Atmosphäre entsteht. Wie die Krise der Liturgie in der allgemeinen Krise des Glaubens wurzelt, so wird ihre Erneuerung auch nur aus einer grundlegenderen Erneuerung des Glaubens und Lebens aus dem Glauben erwachsen können.

Zu diesem Buch

Dieses Buch will einen Beitrag dazu leisten, dass Liturgie besser verstanden und bewusster gefeiert werden kann. Jede der Besinnungen greift einen Aspekt der Liturgie auf, sucht ihn zu erschließen und dabei stets auch mit Erfahrungen des Lebens zu verknüpfen. Dabei kann nicht alles, was irgendwie in-

teressant wäre, angesprochen werden. Auch wird weitgehend darauf verzichtet, liturgische Einzelheiten zu erläutern oder liturgiegeschichtliche Zusammenhänge darzulegen. Dafür gibt es entsprechende Fachbücher. Wichtiger erschien die geistliche und lebenspraktische Vertiefung. So hoffe ich, einen *inneren* Zugang zu eröffnen und die persönlich vollzogene Teilnahme am Gottesdienst zu fördern.
„Liturgie" ist nicht nur die Eucharistiefeier. Auch andere sakramentale Feiern, Gebets- und Wortgottesdienste, Stundengebet, Segnungen, Prozessionen usw. zählen dazu. Deshalb geht es in den Besinnungen der beiden ersten Wochen zunächst um allgemeine Aspekte des liturgischen Feierns. In den folgenden drei Wochen steht dann die Eucharistiefeier im Mittelpunkt.

Aufbau des Buches

„Liturgie / Eucharistie vertieft erfahren" enthält keine längeren Artikel, sondern erarbeitet das Thema auf eine besondere, leicht zugängliche Weise, nämlich in Form von täglichen Besinnungen über einen gewissen Zeitraum hinweg – in diesem Fall entlang der Fastenzeit. Das Buch ist allerdings auch unabhängig von der Fastenzeit zu gebrauchen.
Jede Wochen-Einheit (entspricht einem Kapitel) hat ein Leit-Thema. Tag für Tag führen die Besinnungen in einen Aspekt von Liturgie ein, und setzen so nach und nach, wie ein Mosaik, ein Gesamtbild zusammen.
Jeweils sechs Tage einer Woche erarbeiten einen eigenen Leitgedanken. Der siebte Tag ist dem Wochenrückblick gewidmet. (Er kann auch als Vorbereitung auf die Zusammenkunft der Gruppe dienen, wenn man das Buch gemeinsam durcharbeitet.)
Die einzelnen Tagesbesinnungen sind (mit Ausnahme von Karwoche und Ostern) bewusst nicht bestimmten Tagen der Fastenzeit zugeordnet. Der 1. Tag der 1. Woche kann also bereits der Aschermittwoch sein. In diesem Fall bleiben vor der Karwoche einige Tage frei. Auch die Karwoche ist nicht ganz gefüllt. Leser/innen bekommen damit einen gewissen Spielraum: Findet man an einem Tag nicht die Zeit für die Besinnung, oder möchte man einen Tag länger bei einem Thema verweilen, kann man danach einfach mit der folgenden Tagesbesinnung weitermachen, ohne etwas überspringen oder nachholen zu müssen.

Die Themen der Wochen

- Die *erste Woche* führt ein in die allgemeine Bedeutung der Liturgie: Was kennzeichnet sie? Wie begegnen sich hier Gott und Mensch? Wie vollzieht sich kirchliches Leben in der Feier des Glaubens?

- Liturgie (besonders die der Sakramente) lebt sehr von Zeichen, Symbolen und bedeutungsvollen Handlungen. Einige dieser Symbole sowie liturgische Gebetshaltungen werden in der *zweiten Woche* erschlossen.
- In der *dritten Woche* geht es grundlegend um die Feier der Eucharistie, um ihre Bedeutung und ihre geistlichen Gehalte.
- Die Besinnungen der *vierten und fünften Woche* folgen ungefähr dem Ablauf der Eucharistiefeier. Sie setzen Akzente, wollen aber nicht systematisch den Ritus erklären oder auf Einzelheiten eingehen. Wieder geht es vor allem um den persönlichen Vollzug, um die geistlichen Gehalte und die Bezüge zum Leben. Die vierte Woche konzentriert sich auf die Eingangsriten der heiligen Messe und auf die Wortverkündigung, die fünfte Woche dann auf die sakramentale Mahlfeier.
- Einige Besinnungen zur *Karwoche* und zu *Ostern* runden das Thema ab.

Praktische Hinweise

Man kann dieses Buch mehr oder weniger intensiv nutzen. Die täglichen Besinnungsanregungen lassen sich in wenigen Minuten lesen. In die Tiefe dringen sie allerdings erst, wenn man sich Zeit nimmt:
... um in der Stille anzukommen;
... die Anregungen in sich einsickern und arbeiten zu lassen;
... die *für mich heute* wichtigen Impulse zu erspüren;
... ggf. mit Gott darüber ins Gespräch zu kommen.
Hierzu leitet die folgende „Gebrauchsanweisung“ an.

Aufbau

Die täglichen Besinnungen sind nach einem stets gleichbleibenden Muster aufgebaut:

- Angabe des Tagesthemas in der Überschrift.
- Einstimmende Übung und Stille zur Sammlung.
- Impulse zum Tagesthema.
- Zeit zum Verweilen und Nachdenken.
- Anregungen zum Gebet.
- Impuls für den Tag.

Einstimmung

Zu Beginn meiner Betrachtung entspanne ich mich. Ich nehme wahr, wie ich sitze – im Kontakt mit der Erde, aufgerichtet zum Himmel.
Ich versuche, ganz im Hier und Jetzt da zu sein, und Abstand zu allem anderen zu gewinnen.
Ich sammle mich auf Gott hin und verweile vor ihm.
Ich bitte um Offenheit für das, was er mir heute zeigen will.

- Die „einstimmende Übung zur Sammlung“ (siehe S. 11-13; Kurzfassung: S. 95) bietet hierzu eine Anleitung. Sie kann täglich in gleicher Form durchgeführt werden.

Für diese Einstimmung lasse ich mir genügend Zeit, bis ich wirklich ganz gegenwärtig und aufnahmefähig geworden bin. Bevor ich den Besinnungstext lese, verweile ich noch ein wenig in der Stille.

Impulse zur Besinnung

Nun beginne ich, langsam die Impulse „Zur Besinnung“ zu betrachten. Sie geben Gedankenanstöße zum jeweiligen Tagesthema. Über die Ideen hinaus

wollen sie ein Stück *Erfahrung* vermitteln. Deshalb sind sie zuweilen „selbstreflektierend“ in „ich“-Form abgefasst: Es geht darum, dass ich die Übungen und Besinnungen möglichst persönlich mitvollziehe.
Es kann sinnvoll sein, zuerst die gesamte Besinnung zu lesen, um den Zusammenhang zu erfassen. Dann betrachte ich den Text noch einmal, langsam und aufmerksam, Abschnitt für Abschnitt. Wenn mich etwas besonders anspricht oder persönlich betrifft, halte ich inne und verweile länger dabei. Es mag sein, dass gerade darin *Gott* zu mir sprechen will – hier und jetzt.
Wichtiger als alle Einzelheiten zu erfassen ist, dass ich dabei „mein Wort“ entdecke – das, was *mich* angeht: vielleicht nur *einen* Gedanken oder praktischen Impuls, der mich berührt, und den ich mir bewahren will, um daraus zu leben. „Nicht das viel Wissen sättigt die Seele“, sagt *Ignatius von Loyola*, „sondern das Fühlen und Kosten der Dinge von innen!“ [2)]

Zeit zum Verweilen und Nachdenken

Nach der Lektüre bleibt Zeit, alles noch einmal nachklingen zu lassen. Hier geht es weniger darum, weitere Gedanken zu entwickeln, sondern das Gelesene in die Tiefe sinken zu lassen, wo es nachhaltig weiterwirken kann.
Ich warte geduldig, und gebe noch einmal der Stille Raum.
Wichtige Gedanken, Einsichten und Fragen, die ich festhalten will, kann ich mir aufschreiben. Dazu empfiehlt es sich, ein „geistliches Tagebuch“ anzulegen. Einsichten und Entschlüsse wirken so nachhaltiger. Ich kann später erneut darauf zurückgreifen.

Gott begegnen: Anregungen für das Gebet

Üben, Nachdenken und Schweigen sollen ins *Gebet* münden. Jede Besinnung enthält Anregungen dafür, die auf das Tagesthema abgestimmt sind. Dies will jedoch nur eine Hilfe sein. Wichtiger ist, dass ich selbst zu einer persönlichen Zwiesprache mit Gott gelange, ihm innerlich nahe komme und in seiner liebenden Gegenwart verweile.
Wie mit einem Freund darf ich mit Gott sprechen und mich ihm anvertrauen. Hier haben auch persönliche Dank- und Fürbitt-Gebete ihren Platz. Wenn mir etwas schwierig erscheint, mich herausfordert oder gar überfordert, bitte ich um Klarheit und Kraft.
Dann kann ich noch eine Weile im Schweigen verharren.
Es ist sinnvoll, mit einem festen Gebet abzuschließen: z.B. dem Vaterunser, oder einem Gebet nach eigener Wahl.

- ❖ Einige Gebetsvorschläge zur Einstimmung und zum Abschluss der Tagesbesinnungen finden sich auf S. 96.

Diese Seite kann ggf. herausgetrennt und als „Leitkarte“ oder Buchzeichen verwendet werden.

Impuls für den Tag

Der letzte Abschnitt gibt jeweils eine praktische Anregung. Oft werde ich jedoch eigene Ideen dafür finden. Sie haben immer den Vorrang! Ich kann sie auch auf einen Zettel notieren, der mich durch den Tag begleitet.

Wiederholen

Wenn eine Besinnung mich sehr stark beschäftigt, kann ich sie am nächsten Tag wiederholen. Nicht alle Tage der Fastenzeit sind gefüllt, so dass hierfür etwas Spielraum bleibt.

Rückblick auf die Woche

Der jeweils 7. Tag bringt kein neues Tagesthema, sondern leitet an zu einem „Rückblick auf die Woche“. Der Aufbau folgt jedoch dem Muster der anderen Tagesbesinnungen.
Dieser Wochenrückblick soll helfen, noch einmal einen Überblick zu bekommen und das Wichtigste, das man sich bewahren möchte, in Erinnerung zu rufen. Auch hier kann man sich Notizen ins „geistliche Tagebuch“ machen.

Einstimmende Übung zur Sammlung

Diese Übung steht jeweils am Beginn jeder Tagesbesinnung. Die folgende Anleitung ist recht ausführlich und geht auch auf praktische Aspekte der Meditations-Methodik ein. Die „Technik“ des Meditierens ist weitgehend der aus Japan stammenden Zen-Meditation entlehnt.
Wer schon mehr Erfahrung hat, wird vielleicht eine so detaillierte Anleitung nicht mehr benötigen. Jede/r möge also die Einstimmung in der Weise (knapper oder ausführlicher) durchführen, wie sie ihm entspricht.

- Eine Kurzfassung der Übung findet sich auf S. 95.
- Sie können den Text auch aufnehmen und als Einstimmung zu Ihrer Meditation laufen lassen. Sprechen Sie langsam und ruhig, mit Pausen nach den einzelnen Schritten der Übung.

Ankommen

Ich habe jetzt Zeit, Zeit zum Ankommen. Ich setze mich hin, in meiner gewohnten Meditations-Haltung, und komme zur Ruhe.

Meditationsgerecht sitzen

Wer eine der „klassischen" Formen meditativen Sitzens (Lotus- oder Fersensitz) beherrscht, wird diesen einnehmen und dafür wohl keine besondere Anleitung mehr benötigen. Ansonsten genügt auch ein normaler Stuhl.
Ich setze mich so hin, dass eine ausgeglichene Haltung entsteht. Hüfte, Knie und Fußgelenk bilden jeweils einen rechten Winkel (zum Höhenausgleich hilft eine gefaltete Decke unter den Fußsohlen bzw. auf dem Sitz). Die Lehne des Stuhls darf mir helfen, aufrecht zu sitzen: Ich rücke so nahe an sie heran, dass sie zumindest im Bereich des Kreuzbeines den Rücken stützt.

Den Leib fühlen

Nun spüre ich in meine Leibmitte hinein: in den unteren Bauchraum, unterhalb des Nabels. Von dieser Mitte aus richte ich mich auf. Die Wirbelsäule kommt ins Lot; ich nehme ihre aufrichtende Kraft wahr. Ihr vertraue ich mich an. Ich kann mich jetzt im Rücken wieder loslassen, ohne zusammenzusinken oder umzukippen. So sitze ich in einem entspannten Gleichgewicht: gerade und aufrecht, doch ohne mich anstrengen zu müssen.
Meine Hände ruhen auf den Oberschenkeln, oder schalenförmig ineinander gelegt im Schoß. Unter mir nehme ich den Boden wahr, der mich trägt, und ggf. die Sitzfläche des Stuhles oder Hockers.
Die Augen können geschlossen sein. Will ich sie lieber geöffnet lassen, um nicht ins Träumen zu geraten, sollte der Blick auf einem Punkt am Boden vor mir ruhen, ohne jedoch etwas zu fixieren. So vermeide ich Ablenkungen.

Den Körper entspannen

Jetzt löse ich alle Spannungen in meinem Körper: Arme und Hände (ggf. rechts und links nacheinander) ... Beine und Füße, vom Gesäß ausgehend (rechts ... links); ... dann der Rücken vom Kreuzbein ausgehend aufwärts, die Wirbelsäule entlang, bis zu den Schultern; dabei gelangt meine Sitzhaltung noch besser ins Gleichgewicht; die Schultern fallen locker zur Seite herab; ... schließlich Hals und Nacken ...
Besonders aufmerksam entspanne ich mein Gesicht: Mundpartie, Wangen, Bereich um die Ohren und Augen, die Stirn. ... Ich spüre, wie das Gesicht frei und heiter wird. ...

Die Entspannung kann sich von der Stirn ausbreiten über die gesamte Kopfhaut hinweg. Das wirkt auch in die Tiefe: Vielleicht spüre ich, wie ein Druck vom Gehirn – und damit vom Denken – weggenommen wird.
Schließlich entspanne ich die Muskeln von Brust und Bauchdecke und spüre, wie der Atem freieren Raum bekommt.

Mit dem Atem mitschwingen

Nun nehme ich meinen Atem wahr, lasse ihn frei gehen, wie er will, und atme alles Belastende aus. Ich schwinge mit der Bewegung des Ein- und Ausatmens mit. Fördernd für Entspannung und Sammlung wirkt die „Tiefen-Atmung" mit Hilfe des Zwerchfells in den Bauchraum hinein: Hierbei wölbt sich die Bauchdecke vor und zurück, die Bewegung des Atmens wird bis in die Tiefe des Bauchraumes spürbar. (Damit ist *nicht* ein angestrengt „tiefes" Atmen gemeint!)

Den Geist zur Ruhe kommen lassen

Alle Anspannung lasse ich gleichsam abfließen. Auch Druck und geistige Anstrengung lasse ich los. Jetzt brauche ich nichts darzustellen, nichts zu erreichen, nichts zu leisten. Es genügt, einfach da zu sein.
Was vorher war, lasse ich los. Es ist vergangen. ... Was kommen wird, ist noch nicht da. ... Alles darf jetzt sein, wie es ist: meine Verfassung, meine Gedanken und Gefühle, Menschen, Geräusche...
Meine Gedanken kommen zur Ruhe. Ich lasse sie vorbeiziehen, wie sie in mir aufsteigen, ohne ihnen nachzugehen. Eine innere Stille tritt ein. Ich bin ganz gegenwärtig, und frei von allen Ablenkungen.

Die innere Mitte erspüren

Der Atem hat mich nach innen und in die Tiefe geführt. Ich erspüre meine innere Mitte, die noch einmal hinter der Welt der Gedanken, Bilder und Empfindungen liegt – jenen geheimnisvollen Punkt, von dem aus ich *„ich"* sagen kann. So komme ich mir selbst nahe, werde ganz eins mit mir. Ich bin ganz bei mir, und ruhe in mir selbst.
So bin ich wach und gegenwärtig. Ich öffne mich für das Geheimnis des Lebens, das in meiner Tiefe anwesend ist – und zugleich dafür, dass *Gott* mich in dieser Tiefe berühren und ansprechen kann.

ANREGUNGEN FÜR EINEN TAGESRÜCKBLICK

Auch unabhängig von der Arbeit mit diesem Begleiter durch die Fastenzeit ist es sinnvoll, täglich einen „geistlichen Tagesabschluss" mit einem Tagesrückblick zu gestalten: Alles was mir heute begegnet ist, schaue ich noch einmal an. Vielleicht notiere ich mir auch, was mir wichtig geworden ist.
Danach übergebe ich alles an Gott. Er schaut auf mich mit dem Blick der Liebe, nicht fordernd oder gar als Richter. So kann ich frei von Sorge, Angst und Schuldgefühlen einschlafen – und den nächsten Tag als sein Geschenk erwarten.

Ich mache mir bewusst, dass Gott da ist

- Ich lasse mir Zeit anzukommen: bei mir... bei Gott...
- Ich bitte ihn, in seinem Geist den Tag anschauen zu können: vorurteilsfrei, gelassen, liebend.

Ich schaue mir den Tag an

- Stunde um Stunde lasse ich vor meinem inneren Auge vorüberziehen.
- Dabei dürfen Gedanken, Empfindungen, Widerstände, Gefühle usw. (wieder) aufsteigen. All dies nehme ich einfach wahr, ohne es zu werten.

Ich gebe den Tag an Gott zurück

- *Wofür will ich danken?*
  Ich rufe mir alles in Erinnerung, womit ich mich heute beschenkt fühle.
  Ich lasse Dankbarkeit in mir aufsteigen, verweile darin, und preise Gott für seine Gaben.
- *Worum will ich bitten?*
  Mit manchen Problemen war ich heute konfrontiert – eigenen und denen anderer. Vielleicht habe ich mich zu einem neuen Schritt entschlossen.
  Dies alles lege ich in Gottes Hand. Ich bitte um Hilfe und Kraft – und auch darum, das annehmen zu können, was sich nicht verändern lässt.
- *Was muss ich loslassen?*
  Manches lässt mich nicht los: Sorgen und Ängste, ungelöste Probleme und Konflikte, verpasste Gelegenheiten, seelische Verwundungen, eigenes Versagen und Schuld...
  All dies nenne ich beim Namen. Dann forme ich gleichsam ein „Päckchen" daraus und schicke es an Gott. (Diese bildhafte Vorstellung hilft, es loszulassen und wegzugeben.) Unbelastet gehe ich nun in die Ruhe der Nacht.

1. WOCHE:
EINGELADEN ZUM FEST DES GLAUBENS

Einstimmende Schriftworte

Das ganze Volk (von Jerusalem) versammelte sich geschlossen auf dem Platz vor dem Wassertor und bat den Schriftgelehrten Esra, das Buch mit dem Gesetz des Mose zu holen, das der Herr den Israeliten vorgeschrieben hat. ... Vom frühen Morgen bis zum Mittag las Esra auf dem Platz vor dem Wassertor den Männern und Frauen und denen, die es verstehen konnten, das Gesetz vor. Das ganze Volk lauschte auf das Buch des Gesetzes. ... Man las aus dem Buch, dem Gesetz Gottes, in Abschnitten vor und gab dazu Erklärungen, so dass die Leute das Vorgelesene verstehen konnten.
Der Statthalter Nehemia, der Priester und Schriftgelehrte Esra und die Leviten, die das Volk unterwiesen, sagten dann zum ganzen Volk: Heute ist ein heiliger Tag zu Ehren des Herrn, eures Gottes. Seid nicht traurig und weint nicht! Alle Leute weinten nämlich (vor Betroffenheit), als sie die Worte des Gesetzes hörten. Dann sagte Esra zu ihnen: Nun geht, haltet ein festliches Mahl, und trinkt süßen Wein! Schickt auch denen etwas, die selbst nichts haben; denn heute ist ein heiliger Tag zur Ehre des Herrn. Macht euch keine Sorgen, denn die Freude am Herrn ist eure Stärke.

Nehemia 8,1.3.8-10

Jauchzt vor dem Herrn, alle Länder der Erde! Dient dem Herrn mit Freude! Kommt vor sein Antlitz mit Jubel!
Erkennt: Der Herr allein ist Gott. Er hat uns geschaffen, wir sind sein Eigentum, sein Volk und die Herde seiner Weide.
Tretet mit Dank durch seine Tore ein! Kommt mit Lobgesang in die Vorhöfe seines Tempels! Dankt ihm, preist seinen Namen!
Denn der Herr ist gütig, ewig währt seine Huld, von Geschlecht zu Geschlecht seine Treue.

Psalm 100,1-5

1. WOCHE – 1. TAG
UNSER LEBEN SEI EIN FEST

Einstimmende Übung zur Sammlung: siehe S. 11-13

Zur Besinnung

Das Leben feiern

Was wäre das Leben ohne Feste! Sie sind die Höhepunkte unseres Lebens und lassen das Einerlei des Alltags vergessen. Hier und jetzt freuen wir uns einfach, dass wir da sind. Das Leben intensiviert sich im Feiern. Und wir fühlen uns verbunden mit allen, die mit uns feiern – nicht nur mit denen, die wir kennen und lieben: Feste bringen es fertig, auch ganz fremde Menschen zu vereinen.
Bei einem Fest muss man nichts Nützliches tun, keine Zwecke verfolgen. Absichtslos darf man da sein, sich freuen, das Leben genießen. Im Feiern empfinden wir das Leben als sinnvoll, ohne einen Schatten von Zweifel.

Den Glauben feiern

Der Glaube hat ebenso seine Feste. Ja, fast mehr noch als das gewöhnliche Leben findet der Glaube gerade in Feiern und Gottesdiensten seinen Ausdruck! Hier feiern wir das, was *Gott* uns schenkt: die Gaben des Lebens, der Schöpfung, und ebenso die Gaben der Erlösung, des Heils, unsere Hoffnungen... Viel gibt es da zu feiern! Eine noch weitaus tiefere Sinnhaftigkeit des Lebens tritt zu Tage als bei „weltlichen" Festen: Das Leben ist Geschenk *Gottes*, von ihm gewollt, bejaht, getragen, mit Liebe umfangen. Das weckt eine große Dankbarkeit.

> *Heute ist ein heiliger Tag zu Ehren des Herrn, eures Gottes. ... Nun geht, haltet ein festliches Mahl, und trinkt süßen Wein. Schickt auch denen etwas, die selbst nichts haben. ... Macht euch keine Sorgen, denn die Freude am Herrn ist eure Stärke.*
>
> Nehemia 8,9b.10

Wie erlebe ich religiöse Feste?

Müssten *religiöse* Feste nicht noch weitaus intensiver und bewegender sein als alles, was wir sonst feiern? Manchmal sind sie so. Oft jedoch – leider – nicht. Allzu viele nehmen etwa am Sonntagsgottesdienst nur pflichtgemäß teil

(sofern sie überhaupt noch daran teilnehmen). Da kommt kaum so etwas wie festliche Atmosphäre, Freude, Gemeinschaftsgefühl auf...
Haben wir es verlernt, den Glauben zu *feiern?* Sind Gottesdienste zur leeren Routine geworden, zur mühsamen Pflichterfüllung?

Gottes Gnade erspüren

Dann wieder geschieht es, dass unvermutet die oft vermisste Tiefe doch wieder durchbricht. Vielleicht liegt es am besonderen Anlass: Kirchentag, Weltjugendtag... – außergewöhnliche Ereignisse entwickeln ihre eigene Dynamik. Manchmal ist es die Atmosphäre, die entsteht, wenn Menschen konzentriert da sind und sich ganz in die Feier hineingeben. In Taizé etwa erleben viele solche Gottesdienste, die sie einfach gefangen nehmen. Doch zuweilen scheint es keinen besonderen Grund zu geben: Der gewöhnliche Sonntagsgottesdienst, keine außergewöhnliche Gestaltung oder interessante Predigt – und doch berührt mich etwas ganz tief, bewegt das Herz, lässt Gottes Nähe erahnen.
Da erfahre ich: Wie ein Gottesdienst „gelingt", liegt nicht nur an uns, den menschlichen Teilnehmern. Es hat mit *Gnade* zu tun: *Gott* bewirkt etwas, *er* berührt und beschenkt uns.
Kann ich *dafür* neu empfänglich werden? Wenig ist da zu „machen" oder zu leisten. Ein offenes Herz genügt ... ein Sinn dafür, dass mein Leben *Geschenk* ist ... der Wille, einfach ganz da zu sein. So mag sich mir neu erschließen, dass „die Freude an Gott unsere Stärke ist".

Zeit zum Verweilen und Nachdenken

- *Was war mir besonders wichtig – was will ich mir bewahren?*

Anregungen für das Gebet

Wie vieles ist doch *Geschenk!* Dass ich lebe, dass ich gesund bin, dass ein neuer Tag auf mich zukommt... – alles darf ich jetzt einfach als Gabe aus Gottes Hand annehmen. Es möge in mir Dankbarkeit und Freude wecken, ein tiefes Ja zum Dasein.
Ich verweile darin und danke Gott. So fließt etwas Frohes, Festliches in mein Leben – vielleicht sogar dorthin, wo das Leben eher mühsam ist.

Impuls für den Tag

Gibt es heute „festliche Momente"? Schöne Begegnungen, unerwartete Geschenke, Erfolge, eine spontane Freude... Dafür will ich sensibel sein.

- *Habe ich eine eigene Idee für diesen Tag?*

1. Woche – 2. Tag
Gottesdienst – Gottes Dienst

Einstimmende Übung zur Sammlung: siehe S. 11-13

Zur Besinnung

Wer dient hier wem?

Unter den vielfältigen Ausdrucksformen kirchlichen Lebens zählen Gottesdienste zu den häufigsten und am meisten ins Auge fallenden: Regelmäßig versammeln sich Gemeinden, um Gottes Wort zu hören, sich an seine Heilstaten zu erinnern und ihm die Ehre zu geben. Spontan versteht man das Wort „Gottesdienst" so, dass *wir* hier durch unser Feiern Gott dienen – ihm „einen Dienst erweisen". Ob er das wohl nötig hat? Viel eher ist es doch so, dass wir *Gott* nötig haben!

Tatsächlich meint „Gottesdienst" ebenso sehr, dass Gott uns Menschen „einen Dienst erweist"! Zuerst mag das seltsam klingen. Doch weist es darauf hin: Wenn es um den Glauben geht, ist es stets Gott, der den Anfang macht und den ersten Schritt auf uns zu tut. Wir wären nicht einmal da, wenn er als Schöpfer uns nicht das Leben geschenkt, ja die ganze Welt ins Dasein gerufen hätte. Lange bevor wir etwas für Gott tun, tut er etwas für uns. Der christliche Glaube beruht auf einer Offenbarung, die uns einen Zugang zu Gott eröffnet, wie es ihn sonst nicht gibt. Er lebt von geschichtlichen Vorgängen, in denen Gott gehandelt hat. Ihr Höhepunkt ist das „Christus-Ereignis": dass Gott in Jesus Mensch wurde und durch seinen Tod und Auferstehung die Menschheit erlöst hat.

> *Gepriesen sei der Gott und Vater unseres Herrn Jesus Christus! Er hat uns mit allem Segen seines Geistes gesegnet durch unsere Gemeinschaft mit Christus im Himmel. Denn in ihm hat er uns erwählt vor der Erschaffung der Welt, damit wir heilig und untadelig leben vor Gott. Er hat uns aus Liebe im Voraus dazu bestimmt, seine Söhne und Töchter zu werden durch Jesus Christus, und nach seinem gnädigen Willen zu ihm zu gelangen, zum Lob seiner herrlichen Gnade.*
>
> Epheserbrief 1,3-6a

Wirken seiner Gnade

Jeder Gottesdienst – besonders die sakramentalen Feiern – bringt uns mit diesen Heilstaten Gottes in Berührung. Immer neu erhalten wir Anteil daran. *Wir* sind die *zuerst* Beschenkten! In diesem Wissen darf ich Gottesdienst feiern: Jetzt wendet Gott sich *mir* zu; er berührt, heilt, erneuert mich. Darin erfahre ich sein „gnadenhaftes“ Wirken.
Welcher aufmerksame Gläubige hätte es nicht schon an sich selbst erlebt, dass er buchstäblich „beschenkt“ nach Hause ging!

Würde des Dienens

Zu *dienen* steht heute nicht gerade hoch im Kurs; viele empfinden es als demütigend. Indem Gott uns Menschen „einen Dienst erweist“, verleiht er dem Dienen eine ganz eigene Würde: Es ist Ausdruck von *Liebe!* Dienst macht Liebe erfahrbar: Sie bleibt kein bloßes Gefühl, keine Schwärmerei, sondern äußert sich als konkrete Tat, die anderen zu Gute kommt.
So bekommt auch *unser* „Dienst für Gott“ eine Würde: Er macht uns nicht kleiner, sondern lässt uns hinauswachsen über die Grenzen unseres Menschseins, das wir doch manchmal als recht armselig empfinden. Wer hätte es nicht schon erfahren, wie „erhebend“ ein Gottesdienst sein kann! Indem wir uns auf Gott ausrichten und von ihm beschenken lassen, werden wir über uns hinaus getragen. Wir sind *mehr* als „Kinder der Erde“: Gott macht uns zu „Kindern des Himmels“. Zuweilen *erleben* wir es so, dass es Freude, Jubel, Lobpreis Gottes weckt. Ist es übertrieben zu sagen, dass wir darin schon einen Vorgeschmack der himmlischen Herrlichkeit bekommen?

Zeit zum Verweilen und Nachdenken

- *Was war mir besonders wichtig – was will ich mir bewahren?*

Anregungen für das Gebet

Was am christlichen Glauben empfinde ich besonders als Geschenk, als „Dienst Gottes für mich“? Dankbar nehme ich es an, und preise Gott dafür.

Impuls für den Tag

Aufmerksam werden für alles, womit ich heute – auch in kleinen Dingen – *beschenkt* werde. Entdecke ich darin *Gottes* Zuwendung zu mir?

- *Habe ich eine eigene Idee für diesen Tag?*

1. Woche – 3. Tag
Geheimnis des Glaubens

Einstimmende Übung zur Sammlung: siehe S. 11-13

Zur Besinnung

Welt ohne Geheimnis?

Kennt die moderne Welt noch Geheimnisvolles? Die Wissenschaften erklären die Welt, die Technik unterwirft sie dem menschlichen Wollen und Planen. Was wir noch nicht verstehen, glauben wir irgendwann doch erforschen zu können. Die Kehrseite: Der „entzauberten" Welt fehlen Tiefe und Faszination. Suchen darum so viele wieder nach einer neuen, „spirituelleren" Sichtweise?

Geheimnisse verbleiben im Bereich des Menschlichen. Wir *müssen* sie wahren: Könnten wir den Menschen völlig durchschauen, würde er berechenbar. Es gäbe keinen Raum mehr für Freiheit oder Menschenwürde. Wie gut, dass das Menschsein sich dem wissenschaftlichen Zugriff immer wieder entzieht!

Im Umgang miteinander müssen wir das Geheimnis im andern respektieren – umso mehr, je näher wir ihm kommen. Wenn ich meine, einen Menschen ganz zu durchschauen, verliere ich die Achtung vor ihm – und er verliert alle Faszination für mich. *Liebe* ist nur möglich, wo das Geheimnis der anderen Person gewahrt wird.

Sinn stiftende Tiefe

In einer Welt, die von der Vernunft regiert wird, tut sich Religion schwer, denn sie ist *der* Raum des Geheimnisvollen. Die „heilige" Wirklichkeit des Göttlichen ist größer, umgreifender als alles in der Welt, und sie entzieht sich dem menschlichen Zugriff. Gerade darum fasziniert sie! Und sie stiftet Sinn: Da gibt es etwas jenseits unseres Elends, unserer Widersprüche, unserer Endlichkeit. Es ist unendlich größer als wir, beständiger, von unerschöpflicher Kraft und Lebendigkeit. Von dort dürfen wir uns Heil erhoffen und eine umfassende Geborgenheit. Doch wir verfügen nicht darüber, können nur bitten, verehren und uns beschenken lassen

Auch dort, wo Gott sich offenbart, wahrt er sein Geheimnis: Die Schöpfung aus dem Nichts, die Menschwerdung, die Erlösung durch das Kreuz, die Auferstehung, die Vollendung der Welt, das innere „dreifaltige" Leben Gottes... – manches können wir wohl verstehen, doch trotz aller theologischen Bemühungen nicht alles durchdringen. Wir müssen – und dürfen – es einfach *annehmen*.

Vieles, was Gott tut, sprengt menschliche Logik: Wer würde schon so handeln, wie Gott es in Jesus getan hat? Das größte Geheimnis bleibt seine unbegreifliche *Liebe* zu uns Menschen, die ihn veranlasst, sich selbst zu entäußern!

> *Er hat uns das Geheimnis seines Willens kundgetan, wie er es gnädig im Voraus bestimmt hat: Er hat beschlossen, die Fülle der Zeiten heraufzuführen, in Christus alles zu vereinen, alles, was im Himmel und auf Erden ist.*
>
> Epheserbrief 1,9-10

Das Geheimnis anbeten

In der Liturgie feiern wir das „Geheimnis des Glaubens". „*Mysterien* = Geheimnisse" nannte man von Anfang an vor allem die Sakramente. Dies ist der einzig angemessene Umgang mit dem Geheimnis Gottes und seines Heilswirkens: zu feiern und anzubeten! Wir nähern uns ihm mehr mit dem Herzen als mit dem Verstand.
Manchmal wird das „Mystische" der Liturgie zur Erfahrung: Da entsteht eine besondere Atmosphäre, die fasziniert und gefangen nimmt. Eine kaum zu beschreibende Tiefe tut sich auf. Wir spüren: Gott zeigt uns seine Nähe, erfüllt uns mit seiner Gegenwart – und bleibt doch ungreifbar.
Eine feierliche Gestaltung und ehrfürchtiger Umgang mit dem Heiligen können die Erfahrung des Geheimnisses in der Liturgie unterstützen. Entscheidend allerdings bleibt die innere Haltung der Feiernden: Bin ich von Gott fasziniert? Ist er der Höchste für mich? Liebe ich ihn? Dann kann die tiefste Begegnung mit ihm gerade in der schlichten *Stille* und anbetenden Versenkung geschehen.

Zeit zum Verweilen und Nachdenken

- *Was war mir besonders wichtig – was will ich mir bewahren?*

Anregungen für das Gebet

Ich sammle mich in der Stille und mache mir bewusst: Der unendliche Gott ist immer da – um mich, in mir, zugleich über alles hinaus. In sein Geheimnis versenke ich mich. Ich kann ihm meine Verehrung sagen, doch vielleicht braucht es gar keine Worte.

Impuls für den Tag

Gibt es Augenblicke, wo sich eine Tiefe auftut? Ahne ich Gottes geheimnisvolle Wirklichkeit darin?

- *Habe ich eine eigene Idee für diesen Tag?*

1. WOCHE – 4. TAG
GLAUBEN GEMEINSAM FEIERN

Einstimmende Übung zur Sammlung: siehe S. 11-13

Zur Besinnung

Gemeinschafts-Religion

Es feiert sich einfach schlecht, wenn man ganz alleine ist! Man möchte seine Freude mit anderen teilen; erst dann entsteht die richtige Stimmung. Wir Menschen sind eben Gemeinschaftswesen.
Glaube braucht Gemeinschaft. Gerade das Christentum war von Anfang an eine stark auf Gemeinschaft orientierte Religion. Entsprechend wichtig wurde die gemeinsame Feier des Glaubens, die „Liturgie".[3)] Bis heute zählen die gemeinsam gefeierten Gottesdienste zu den wichtigsten und am meisten ins Auge fallenden Ausdrucksformen kirchlichen Lebens. Sie stärken immer neu das Gefühl der Gemeinschaft und Zusammengehörigkeit unter den Gläubigen. Vor allem die katholische Kirche legte stets Wert auf die regelmäßige Teilnahme am Sonntagsgottesdienst, und erreichte so einen hohen Grad an Zusammenhalt in ihren Gemeinden.

> *Ein Leib und ein Geist, wie euch durch eure Berufung auch eine gemeinsame Hoffnung gegeben ist; ein Herr, ein Glaube, eine Taufe, ein Gott und Vater aller, der über allem und durch alle und in allem ist.*
>
> Epheserbrief 4,4-6

Weiter Horizont

Jeder Einzelne soll und darf seine eigene Weise des Betens entwickeln, Ausdruck seiner ganz persönlichen Beziehung zu Gott. Im Vergleich dazu wirkt die Liturgie „objektiver"; sie muss Gläubige mit sehr verschiedenen Denk- und Empfindungsweisen sowie in unterschiedlichen Lebenssituationen zusammenführen. „Liturgie sagt *wir*, nicht *ich*" (*Romano Guardini*).
Nicht immer fällt es leicht, sich beim Mitfeiern darauf einzustellen. Doch es kann meine eigenen Begrenzungen öffnen: Hier begegne ich der ganzen Vielfalt der Offenbarung, nicht nur meinen Lieblings-Bibelstellen. Ich begegne der gesamten Glaubensbotschaft, nicht nur meinen eigenen Lieblingsgedan-

ken. Der Horizont wird weit. Ich stehe in der großen Gemeinschaft der Kirche, die Welt und Menschheit umspannt. Spürbar wird mein Glaube von vielen Schwestern und Brüdern mitgetragen.

Aus ganzem Herzen mitfeiern

Das 2. Vatikanische Konzil hat den Gemeinschafts-Charakter der Liturgie betont: Hier feiert das Volk Gottes mit seinem Herrn, Christus, in der Mitte. Liturgie ist kein Ritual, das von „Kultdienern" zelebriert wird, während das Volk nur „beiwohnt". Vielmehr „sollen die Christgläubigen die heilige Handlung bewusst, fromm und tätig mifeiern".[4)] Die Reform der Liturgie, nicht zuletzt die Einführung der Volkssprache, wollte diesem Ziel dienen.
Ist die Atmosphäre vieler Gottesdienste deshalb so kalt und ohne Leben, weil zu viele Teilnehmer nur pflichtgemäß da sind, aber nicht wirklich mitfeiern? Der Priester allein hat darauf nur begrenzt Einfluss. Es braucht eine neue innere Einstellung aller. Das Konzil ruft uns gleichsam zu: Gebt euch mit ganzem Herzen hinein! Betet mit, singt mit, ruft eure Freude am Glauben hinaus! Nehmt einander wahr als Gemeinschaft! Sucht vor allem die Begegnung mit dem lebendigen Christus! Geht nicht gedankenlos zur Kommunion, sondern vollzieht, was dieses Wort besagt: Gemeinschaft mit Jesus und miteinander!
„Bei euch herrscht eine besondere Atmosphäre!" kann man in Gemeinden hören, in denen viele den Gottesdienst bewusst mitfeiern. Weiter muss man nichts tun. Jeder Einzelne hat es in der Hand, ob diese besondere Atmosphäre der Gemeinschaft, der Freude und der Nähe zu Jesus wächst.

Zeit zum Verweilen und Nachdenken

- *Was war mir besonders wichtig – was will ich mir bewahren?*

Anregungen für das Gebet

Was bedeuten mir Gemeinschaft im Glauben, Gemeindeleben, Zugehörigkeit zur Kirche? Ich danke dafür, dass ich meinen Weg nicht allein gehen muss. Mit wem fühle ich mich besonders durch den Glauben verbunden. Ich bete für diese Schwestern und Brüder.

Impuls für den Tag

Treffe ich Menschen, mit denen mich der *Glaube* verbindet? Kann unsere Begegnung dadurch offener, wahrhaftiger, freundschaftlicher... werden?

- *Habe ich eine eigene Idee für diesen Tag?*

1. WOCHE – 5. TAG
EIN HEILIGES SPIEL

Einstimmende Übung zur Sammlung: siehe S. 11-13

Zur Besinnung

Was ist das Wichtigste bei einem Gottesdienst?

Eine gute Predigt, ansprechende Gestaltung, Anregungen für das Leben? Das alles darf man hoch schätzen. Doch birgt es die Gefahr in sich, dass man die Liturgie „verzweckt", also nur fragt, was dabei herauskommt. In Wahrheit aber ist Liturgie *zweckfrei;* ihr Sinn liegt in ihr selbst. Wenn sie überhaupt einem Ziel dient, dann vor allem, Gott die Ehre zu geben, ihn zu verherrlichen.

„Der Mensch ist dann am meisten Mensch, wenn er spielt!"

So *Friedrich Schiller*. Warum? Weil der Mensch im Spiel frei ist von dem Zwang, immer etwas leisten, etwas Nützliches tun zu müssen. Spiel ist zweckfrei. Kinder lernen zwar vieles beim Spielen, aber sie spielen ohne jede Absicht. Gerade deshalb können sie ganz darin versunken sein. Spiel ist „Leben pur", mit voller Intensität. Auch große kulturelle Werke, Kunst, Musik usw. sind zweckfrei und haben etwas Spielerisches an sich (Musik wird „gespielt"!). Eben dadurch sind sie zutiefst *sinnvoll*. Sie dienen keinem Nutzen, aber sie bringen etwas vom Geheimnis des Lebens zum Ausdruck. Man spürt das, ohne es in Worte fassen zu können, wenn man ein Kunstwerk betrachtet oder Musik hört.

> *(Die Weisheit spricht:) Als Gott die Fundamente der Erde abmaß, da war ich als geliebtes Kind bei ihm. Ich war seine Freude Tag für Tag und spielte vor ihm allezeit. Ich spielte vor ihm auf dem Erdenrund, und meine Freude war es, bei den Menschen zu sein.*
>
> Sprichwörter 8,30-31

Spielerisch feiern

Man hat die Liturgie als „heiliges Spiel" bezeichnet.[5)] Stets hat sie Kunst und Musik mit einbezogen: ein schön ausgestatteter Raum, Gesänge und Orgelspiel, besondere Kleidung, kostbare Geräte, ausdrucksvolle Gesten und Symbole...

Wenn wir Gottesdienst feiern, kommen wir nicht, um uns belehren oder erziehen zu lassen. Solche Zwecke mögen mitlaufen, doch eigentlich trägt das Feiern seinen Sinn in sich. Wir sind einfach da vor Gott. Wir freuen uns, dass er uns liebt, dass er uns jetzt nahe ist, dass er uns beschenkt. Wir preisen seine Schöpfermacht, seine Größe, seine Heilstaten. Wenn es gelingt, sich ganz hineinzugeben, vergessen wir die Zeit und sind ganz da im Hier und Jetzt. Wir feiern das Leben, das Gott uns gibt, und die Lebenskraft des Glaubens. Das können Augenblicke tiefster Erfüllung sein. Wir erfahren den Sinn des Daseins und unsere Verwurzelung in Gott als Quelle dieses Sinns.

Leben hat Sinn in sich

Vor Gott darf ich da sein, ohne gleich etwas Nützliches tun oder leisten zu müssen. Ich darf einfach *sein*, einfach *leben*. Gott schuf die Welt nicht für irgendeinen Zweck, sondern um ihrer selbst willen: *damit sie da ist!* Er schuf uns Menschen, damit wir leben und uns des Lebens freuen. „Die Ehre Gottes ist der lebendige Mensch" (*Irenäus von Lyon*). Dasein und Leben tragen Sinn und Würde in sich. In unserer Leistungsgesellschaft wird dies leicht überlagert von den Zwängen des Nutzens und des Erfolgs. In der Liturgie darf es sich wieder entfalten.
Das „heilige Spiel" der Liturgie inspiriert auch den Alltag. Das Leben „spielerisch" anzugehen kann eine hohe Lebenskunst sein. Ich gebe mich ganz hinein, nehme es so wichtig wie ein Kind sein Spiel, doch ohne Verbissenheit. Glück kann ich als Geschenk annehmen. Was vergeht oder nicht gelingen will, lasse ich leicht wieder los. Ich klammere mich an nichts, sondern *bin da* im Fluss des Daseins. Sogar meine Arbeit kann, befreit von Last und Zwang, zur Quelle von Freude und Lebenserfüllung werden.

Zeit zum Verweilen und Nachdenken

- *Was war mir besonders wichtig – was will ich mir bewahren?*

Anregungen für das Gebet

Welches Lob- oder Danklied spricht mich am meisten an? Ich kann es jetzt singen (oder wenigstens den Text beten) – oder mit eigenen Worten Gott danken, dass ich vor ihm einfach *da sein* darf.

Impuls für den Tag

Ich erprobe, welchen Unterschied es macht, wenn ich alles mehr „spielerisch" angehe: gesammelt, doch ohne Zwang und Verbissenheit, in innerer Freiheit.

- *Habe ich eine eigene Idee für diesen Tag?*

1. Woche – 6. Tag
Liturgie als Begegnung

Einstimmende Übung zur Sammlung: siehe S. 11-13

Zur Besinnung

Wie können Gottesdienste lebendiger werden?

Die Liturgiereform des Konzils hat vieles verständlicher gemacht, und man unternimmt mancherlei Anstrengungen, um Gottesdienste ansprechender zu gestalten. Doch der eigentliche Schlüssel zum „Herzen" der Liturgie liegt anderswo: in der *Beziehung*, die ein Mensch zu *Jesus* und auch zur *Gemeinde* hat. Sind diese Beziehungen lebendig, nimmt er gern und mit Freude am Gottesdienst teil, und fühlt sich von ihm inspiriert. Es stört ihn wenig, wenn die Gestaltung einmal weniger gelungen ist. Fehlen jedoch diese Beziehungen, macht alle kreative Gestaltung den Gottesdienst nicht attraktiver für ihn.
Die Besinnungen dieses Buches können weder die Beziehung zu Jesus noch die zur Gemeinde hervorrufen. Doch lohnt es, sich jetzt einigen Fragen zu stellen!

Welche Beziehung habe ich zu Jesus?

Ob die Eucharistie oder ein anderes Sakrament, ob Vesper, Andacht oder Wort-Gottes-Feier – immer geht es darum, in der Liturgie *Jesus* nahe zu kommen. Er ist ihr lebendiges Herz.
Was bedeutet mir Jesus? Ich glaube an ihn als Sohn Gottes, Offenbarer und Erlöser. Ist er auch persönlich in mein Leben getreten?

> *Ich sehe alles als Verlust an, weil die Erkenntnis Christi Jesu, meines Herrn, alles übertrifft. ...*
> *Christus will ich erkennen und die Macht seiner Auferstehung und die Gemeinschaft mit seinen Leiden; sein Tod soll mich prägen. So hoffe ich, auch zur Auferstehung von den Toten zu gelangen.*
> Philipperbrief 3,8a.10-11

Finde ich mich in Erfahrungen wie etwa diesen wieder:

- Vielleicht erinnere ich mich an einen Augenblick, in dem ich Jesus buchstäblich „begegnet" bin: z.B. in einem Augenblick der Hingabe oder Entscheidung für ihn.

- In einem Augenblick der Verzweiflung habe ich gespürt: Er nimmt mich dennoch an, verzeiht mir, bejaht mich...
- Im Gebet finde ich zu einer lebendigen Zwiesprache mit Jesus. Alles kann ich ihm sagen. Ich bekomme Klarheit in Verwirrung; Frieden, wenn ich aufgewühlt bin; Erleuchtung für Fragen und Entscheidungen; Mut, das Leben anzupacken...
- Ich empfange Jesus in der Eucharistie und spüre, wie seine Liebe mich durchdringt, heilt, lebendig macht...
- In Schmerz und Trauer erlebe ich, dass ich nicht allein bleibe: Jesus ist da und trägt mein Leid mit.

Kann ich sagen: *Jesus, ich liebe dich!* Ich nehme dich an als meinen Herrn und Erlöser, als meinen Bruder und Weggefährten! Dir vertraue ich mein Leben an – nimm mich in deine Hand. Ich will dein/e Jünger/in sein! ...?

Welche Beziehung habe ich zur Gemeinde?

Liturgie feiert man in Gemeinschaft. Fühle ich mich zu Hause in der Gemeinde, der ich angehöre? Heutige Gemeinden sind groß; man kann nicht jeden kennen. Einige aber wird es geben, die mir näher stehen: Ich arbeite in einer Gruppe mit ihnen zusammen ... treffe mich mit ihnen zu Austausch und Bibelgespräch ... sie haben mir geholfen, und ich ihnen ... manche sind meine Freunde geworden. Ja, sie sind mir kostbar! Ich freue mich, ihnen zu begegnen. Sie stützen meinen Glauben und tragen mich auch menschlich. Wir sind eine Gemcinschaft!

Zeit zum Verweilen und Nachdenken

- ➢ *Was war mir besonders wichtig – was will ich mir bewahren?*

Anregungen für das Gebet

- Will ich jetzt meine Beziehung zu Jesus vertiefen? Ich wende mich ihm zu.
- Ich bete für die Menschen aus meiner Gemeinde, mit denen ich mich verbunden fühle.

Impuls für den Tag

- Bewusst gehe ich *mit Jesus* durch diesen Tag.
- Begegne ich Menschen aus meiner Gemeinde? Ich freue mich darauf!

- ➢ *Habe ich eine eigene Idee für diesen Tag?*

1. WOCHE – 7. TAG
RÜCKBLICK AUF DIE WOCHE

Einstimmende Übung zur Sammlung: siehe S. 11-13

Ich rufe mir die Leitgedanken der Besinnungen in Erinnerung:

1. Tag: *Unser Leben sei ein Fest!* Gottesdienst als Feier.
2. Tag: *Gottesdienst – Gottes Dienst.* Das Gnadenwirken Gottes.
3. Tag: *Geheimnis des Glaubens.* Gottesdienst als „Mysterium".
4. Tag: *Glauben gemeinsam feiern.*
   Gottesdienst als Ereignis von Gemeinschaft.
5. Tag: *Ein heiliges Spiel.* Zweckfrei feiern.
6. Tag: *Liturgie als Begegnung.* Die tiefste Dimension des Gottesdienstes.

Ich denke nach:

- Was hat mich besonders angesprochen oder berührt?
- Ist mir eine besondere Erfahrung zuteil geworden?
- Hat sich etwas in meinem Leben verändert?
- Inwiefern konnte ich ein tieferes Verständnis für Gottesdienst und liturgisches Feiern gewinnen?
- Was möchte ich mir bewahren?

Zeit zum Verweilen und Nachdenken

Anregungen für das Gebet

- Ich *danke* Gott für gute Erfahrungen, neue Einsichten, inneres Wachstum, positive Veränderungen in meinem Verhalten...
- Ich *übergebe* Gott alles, was unbefriedigend verlaufen ist. Im Vertrauen auf seine Vergebung darf ich es loslassen.
- Ich *bitte* Gott um Segen für alles, was ich mir vorgenommen habe. Besonders bete ich um einen intensiveren Mitvollzug des Gottesdienstes und um eine tiefere Erfahrung der Gegenwart von Jesus.
- Vielleicht will ich noch in weiteren persönlichen Anliegen beten.

Impuls für den Tag

Was war das Wichtigste, das ich in dieser Woche für meine praktische Lebensgestaltung entdeckt habe? Das vertiefe ich heute noch einmal.

2. WOCHE:

SPRACHE DER SYMBOLE

Einstimmende Schriftworte

Der Mann, der mich begleitete, führte mich zum Eingang des Tempels, und ich sah, wie unter der Tempelschwelle Wasser hervorströmte und nach Osten floss. ...
Er sagte zu mir: Dieses Wasser fließt in den östlichen Bezirk, es strömt in die Araba hinab und läuft in das Meer, in das Meer mit dem salzigen Wasser. So wird das salzige Wasser gesund. Wohin der Fluss gelangt, da werden alle Lebewesen, alles, was sich regt, leben können, und sehr viele Fische wird es geben. Weil dieses Wasser dort hinkommt, werden die Fluten gesund; wohin der Fluss kommt, dort bleibt alles am Leben. ...
An beiden Ufern des Flusses wachsen alle Arten von Obstbäumen. Ihr Laub wird nicht welken, und sie werden nie ohne Frucht sein. Jeden Monat tragen sie frische Früchte; denn das Wasser des Flusses kommt aus dem Heiligtum. Die Früchte werden als Speise und die Blätter als Heilmittel dienen.

Ezechiel 47,1a.8-9.12

Gott ist Licht, und keine Finsternis ist in ihm. Wenn wir sagen, dass wir Gemeinschaft mit ihm haben, und doch in der Finsternis leben, lügen wir und tun nicht die Wahrheit. Wenn wir aber im Licht leben, wie er im Licht ist, haben wir Gemeinschaft miteinander, und das Blut seines Sohnes Jesus reinigt uns von aller Sünde.

1. Johannesbrief 1,5b-7

Dieser ist es, der durch Wasser und Blut gekommen ist: Jesus Christus. Er ist nicht nur im Wasser gekommen, sondern im Wasser und im Blut. Und der Geist ist es, der Zeugnis ablegt; denn der Geist ist die Wahrheit. Drei sind es, die Zeugnis ablegen: der Geist, das Wasser und das Blut; und diese drei sind eins.

1. Johannesbrief 5,6-8

2. Woche – 1. Tag
Sprechende Zeichen

Einstimmende Übung zur Sammlung: siehe S. 11-13

Zur Besinnung

Der brasilianische Theologe *Leonardo Boff* erzählt, wie während seines Studiums in Deutschland überraschend sein Vater starb. Mit der Todesnachricht schickte ihm seine Schwester einen seltsamen Gegenstand: den Stummel der letzten Zigarette, die der Vater unmittelbar vor seinem Tod geraucht hatte. Leonardo bewahrte ihn wie ein Heiligtum auf; sein Vater mit allem, was er ihm bedeutet hatte, blieb darin gegenwärtig. Dadurch, so sagt er, habe er besser verstanden, was *Symbole* und auch die christlichen Sakramente sind.[6)]

Geistiges sucht greifbaren Ausdruck

Wir Menschen sind leibliche und zugleich geistige Wesen. Was in uns vorgeht, was Bedeutung für uns hat, unsere Beziehung zum Leben, zu anderen Menschen, schließlich zu Gott – alle diese geistigen Realitäten suchen einen leibhaftigen Ausdruck in Gebärden und Symbolen. Manche Symbole knüpfen an bestimmten wichtigen Situationen und Personen an. Der Ehering z.B., den mir mein geliebter Partner bei der Hochzeit angesteckt hat, ist unersetzbar und mehr als ein Schmuckstück; er ist „aufgeladen" mit Bedeutung. Andere Symbole, vor allem solche aus der Natur, tragen ihre Ausdruckskraft in sich selbst. Wasser, Licht, Brot, Öl, ein Stein, ein Baum, eine Blume, die Sonne usw. – sie haben ihre eigene „Sprache". Wer dafür empfänglich ist, dem sagen sie mehr als viele Worte. Wir bedienen uns dieser Symbolsprache etwa, wenn wir Blumen schenken – manche Blume hat sogar eine für sie typische Bedeutung.

Zeichen jenseitiger Wirklichkeiten

> *Durch viele solche Gleichnisse verkündete er ihnen das Wort, so wie sie es aufnehmen konnten.*
>
> Markus-Evangelium 4,33

In besonderer Weise ist *Religion* auf Symbole angewiesen. Geht es hier doch darum, unsichtbare „jenseitige" Wirklichkeiten anschaulich und greifbar aus-

zudrücken. Betritt man eine katholische Kirche, ist man von „sprechenden Dingen“ umgeben: Weihwasser, Kreuz, Kerzen, Taufbrunnen, Altar, Tabernakel... – sie alle sprechen von Anruf und Verheißung des christlichen Glaubens und davon, wie der ungreifbare Gott sich uns Menschen zuwendet.
Eine besondere Stellung nehmen die *Sakramente* ein. Hier sind die Symbole in eine Liturgie eingebunden, in Feiern mit zeichenhaften Handlungen. Alle Sakramente wurzeln im „Christus-Ereignis“: in Leben, Sterben und Auferstehen von Jesus. Sie „transportieren“ gleichsam das, was Jesus für unser Heil gewirkt hat, in unsere Gegenwart. Jedes Sakrament vermittelt eine je eigene, besondere Art der Begegnung mit Jesus.

Die „Sprache der Dinge und Zeichen“ wieder verstehen lernen

In unserer nüchternen, von Wissenschaft und Technik geprägten Denkweise fehlt oft das Verständnis für Symbole. So ist die Welt allzu „sachlich“ geworden, ohne Geheimnis, ohne tiefere Bedeutungen. Es lohnt sich, die „Sprache der Dinge und Zeichen“ neu zu entdecken. Dazu genügt ein wenig Aufmerksamkeit: Entdecke ich Zeichen oder Gegenstände, die mich z.B. erinnern an wichtige Ereignisse und Erfahrungen, oder an Menschen, die mir viel bedeuten? Vielleicht sprechen sie darin sogar vom Sinn meines Lebens, von seinen großen Fragen, seinem Geheimnis, seinen Hoffnungen und Verheißungen. So gewinnt meine Welt wieder Tiefe.

Zeit zum Verweilen und Nachdenken

- *Was war mir besonders wichtig – was will ich mir bewahren?*

Anregungen für das Gebet

Ich betrachte einen Gegenstand, der mich mit einem Menschen verbindet, der mir etwas bedeutet. Ich lasse das „Symbol“ zu mir sprechen, und bete für diesen Menschen.

Impuls für den Tag

Ich achte auf „sprechende Dinge“. Was sagen sie mir?

- *Habe ich eine eigene Idee für diesen Tag?*

2. Woche – 2. Tag
Licht und Leben

Einstimmende Übung zur Sammlung: siehe S. 11-13

Zur Besinnung

Die Macht des Lichtes

Wer wäre nicht beeindruckt von der Farbenpracht eines Sonnenuntergangs; mehr noch vom Erlebnis eines Sonnenaufgangs, wenn das Licht aufstrahlt und die Nacht vertreibt. Geheimnisvoll das Farbenspiel des Regenbogens. Obwohl wir wissen, wie er zustande kommt, hat es nichts an Faszination verloren, wenn auf der abziehenden Gewitterwand ein Regenbogen erscheint wie eine Verheißung, dass Licht und Wärme endlich wiederkehren.
Licht ist ein Ursymbol für alles Wahre, Gute und Schöne. Es steht für die positiven Kräfte in der Welt. Machtvoll durchbricht das Licht die Finsternis. Wenig Licht genügt schon: Der kleinste Funke Licht ist immer stärker als ein Meer von Dunkelheit. In dieser Welt voller Widersprüche bedeutet Licht die Hoffnung, dass die Kräfte des Lebens stärker sind als die Mächte der Zerstörung, dass das Leben nicht vom Tod verschlungen wird und alles in ewiger Nacht endet.

Gott ist Licht, und keine Finsternis ist in ihm.

1. Johannesbrief 1,5b

In allen Religionen und Kulturen ist Licht *das* Symbol des Göttlichen. Oft wird die Sonne, Spenderin von Licht und Leben, als göttlich verehrt. Dass „Gott Licht ist“, drückt den Glauben aus, dass hinter allem eine positive Macht steht, ein Ja zum Leben; dass das Sein ursprünglicher ist als das Nichts. Mit der Erschaffung des Lichtes beginnt Gott in der Bibel sein Schöpfungswerk, und am Ende vernichtet er alles Dunkle und Böse.

Kerzen: lebendiges Licht

Eine besondere Form von Licht spenden *Kerzen*. Man braucht eine Kerzenflamme nur eine Weile auf sich wirken zu lassen, um zu begreifen: Dies ist *lebendiges* Licht. Es bewegt sich; es spendet nicht nur Helligkeit, sondern auch Wärme. Kerzenschein geht buchstäblich zu Herzen!

Kerzen gehören zur Liturgie. Intuitiv scheut man sich, sie durch elektrisches Licht zu ersetzen – das schafft einfach nicht dieselbe Atmosphäre. Wenn etwa in der Osternacht die Osterkerze in die Kirche getragen und das „Licht Christi" an alle weitergegeben wird, *erleben* wir die Auferstehung von Jesus mit, seinen Sieg über das Dunkel des Todes.

Sich verzehren, um Leben zu spenden

Eine Kerze erzeugt Licht und Wärme, indem sie verbrennt – indem sie sich *verzehrt*. So spricht sie von einem Geheimnis des Lebens: Leben geht nur, indem es „brennt" und sich aufzehrt wie eine Kerze. Wir dürfen nicht an uns festhalten, sondern sollen uns verschenken, uns verzehren lassen, um anderen Leben zu geben und Leben von ihnen zu empfangen. Dies ist das Geheimnis der *Liebe*. Die brennende Kerze symbolisiert so ein Grundgesetz christlicher Daseinsweise.

Kinder des Lichtes

In jedem von uns spielt sich der Kampf zwischen Licht und Finsternis ab. Jedes Mal, wenn mir in der Liturgie das Symbol des Lichtes begegnet, kann es die positiven Kräfte in mir stärken. Das Licht erleuchtet mein Denken, mehr noch mein Fühlen. Es will mich zum „Kind des Lichtes" machen und treibt mich an, für all das zu kämpfen, wofür das Licht steht: für Leben, Wahrheit, Liebe, Gerechtigkeit und Menschlichkeit.

Zeit zum Verweilen und Nachdenken

- *Was war mir besonders wichtig – was will ich mir bewahren?*

Anregungen für das Gebet

Ich betrachte eine brennende Kerze und lasse sie auf mich wirken. Sie steht für alles, was Gott mir ins Herz legt: Liebe, Freude, Hoffnung, Mut zum Leben... Ich bin ein „Kind des Lichtes". Dafür danke ich.
Ich bete darum, für andere Licht und Leben sein zu können, auch wenn es mich etwas kostet.

Impuls für den Tag

Was wird mir heute zum „Licht" – zu einem Zeichen für den Sieg des Lebens, des Wahren und Guten?

- *Habe ich eine eigene Idee für diesen Tag?*

2. Woche – 3. Tag
Gesalbt mit dem Öl der Freude

Einstimmende Übung zur Sammlung: siehe S. 11-13

Zur Besinnung

Heilung und Kraft

Ein heißer Tag am Meer: viel Sonne, Salzwasser... Am Abend macht sich ein Sonnenbrand bemerkbar. Was hilft? Ein altes Hausmittel: Oliven-Öl. Wie wohltuend es sich auf der strapazierten Haut anfühlt! Man meint seine Heilkraft direkt zu spüren.
Öl gehört zu den ältesten Lebensmitteln und Medikamenten, die die Menschheit kennt. Als besonders hochwertige Nahrung wird es bis heute geschätzt. Zahlreiche Pflanzen liefern Öle mit unterschiedlichsten Heilwirkungen. Öl heilt, nährt, pflegt, belebt, verleiht Kraft... Es erstaunt nicht, dass es schon früh auch religiöse Bedeutung bekam. Öl, „mit dem man Götter und Menschen ehrt" (Richter 9,9), ist ein Natursymbol; von sich aus hat es eine eigene „Sprache" und Ausdruckskraft.

Der „Gesalbte"

Im alten Israel hat man Könige nicht gekrönt, sondern mit Öl gesalbt: Gottes Kraft, Gottes Geist sollte mit ihnen sein. Dasselbe galt für Priester und Propheten. Der „Messias", der Heilsbringer der Zukunft, ist „der Gesalbte Gottes", eine prophetische, priesterliche und königliche Gestalt.
„Christus" ist ursprünglich ein Titel: „der Gesalbte", griechische Übersetzung des hebräischen „Messias". Mit Jesus „dem Christus" ist der erhoffte „Gesalbte Gottes" gekommen. Gottes Geist ruht auf ihm – und er gibt diesen Geist. So heißen auch wir „Christen": Jünger/innen des Messias, selbst mit Heiligem Geist gesalbt.
Kein Symbol kommt in so vielen *Sakramenten* zur Anwendung wie die Salbung mit Öl: Taufe und Firmung, Priesterweihe, Krankensalbung – stets geht es darum, dass ein Mensch mit der stärkenden, heilenden, aufrichtenden Kraft Gottes in Berührung kommt.

Die Kraft des Heiligen Geistes

> *Die Salbung, die ihr von ihm empfangen habt, bleibt in euch, und ihr braucht euch von niemand belehren zu lassen.*
>
> 1. Johannesbrief 2,27b

„Salbungsvolle Worte“ gelten als übertrieben fromm, glatt und wenig ernst zu nehmen. Die ursprüngliche Bedeutung ist eine andere: Wo die „Salbung des Heiligen Geistes“ zu spüren ist, da wirkt ein Feuer der Begeisterung, innere Stärke, zündende Überzeugungskraft. Sie macht uns Christen zu neuen Menschen, die nicht auf ihre begrenzten eigenen Kräfte allein angewiesen sind, sondern auf Gottes Kraft bauen.

Seit meiner Taufe und Firmung bin ich „mit Heiligem Geist gesalbt“. Gottes Kraft und Lebensmacht wirkt in mir. Spüre ich etwas davon? Manchmal erwacht in mir eine Freude und Begeisterung für Jesus, für sein Evangelium, für das Leben mit Gott; sie beflügelt mich und trägt mich voran ohne viel Mühe. Manchmal bin ich tief berührt von einem Wort der Heiligen Schrift, so dass mein Herz brennt. Manchmal weiß ich ganz genau, was ich jetzt zu tun oder zu sagen habe, als ob es mir eingegeben würde. Manchmal drängt mich innerlich etwas zu einer bestimmten Entscheidung oder Unternehmung. Manchmal, gerade angesichts großer Herausforderungen, entdecke ich Kräfte in mir, die ich mir nie zugetraut hätte; sind das die „Gaben des Heiligen Geistes“?
Solche Erfahrungen lassen spüren: Da gibt es wirklich eine verborgene Fülle an „geistlicher“ Kraft. Sie trägt leichter und schneller voran als alle guten Vorsätze und moralischen Anstrengungen.
Es müsste sich doch lohnen, mehr darauf zu setzen, dass ich Gottes „Salbung“ in mir trage!

Zeit zum Verweilen und Nachdenken

➢ *Was war mir besonders wichtig – was will ich mir bewahren?*

Anregungen für das Gebet

- Ich erneuere in mir das Bewusstsein, dass ich durch Taufe und Firmung „mit dem Heiligen Geist gesalbt“ bin, und öffne mich für sein Wirken.
- Ich bitte den Geist Gottes um seine Gaben, um seine Kraft und „Be-*geist*-erung“, um seine Erleuchtung und Führung.

Impuls für den Tag

Entdecke ich Anzeichen für das Wirken des Heiligen Geistes – in mir oder in anderen, vielleicht auch in einer Gemeinschaft?

➢ *Habe ich eine eigene Idee für diesen Tag?*

2. Woche – 4. Tag
Geheimnisvolles Wasser

Einstimmende Übung zur Sammlung: *siehe S. 11-13*

Zur Besinnung

Faszination und Bedrohung

In den Geräuschen des Wassers findet der Schriftsteller *John Tolkien* die Urmusik der Schöpfung wieder, den „Gesang der Engel", aus dem – seiner Schöpfungslegende nach – die Welt entstand.[7)]
Wasser hat eine seltsame Faszination für uns Menschen. Es zieht uns an. Manche können endlos dem Rauschen des Meeres oder dem Plätschern eines Baches zuhören und ihre Gedanken davon inspirieren lassen. Still und besinnlich wird man, wenn man auf eine ruhige Wasserfläche hinausschaut.
Von allen Natursymbolen hat Wasser die vielschichtigste Ausdruckskraft. Wasser reinigt. Klares Wasser symbolisiert Reinheit, Lauterkeit, Ehrlichkeit... Wasser erfrischt und löscht den Durst. Alles Lebendige braucht Wasser. Wo es fehlt, gibt es nur Wüste. Doch selbst die Wüste beginnt zu blühen, sobald es einmal regnet. So ist Wasser *das* Symbol für Leben.
Wenn man über tiefem Wasser schwimmt, wagt man kaum, sich den Abgrund vorzustellen, über dem man schwebt. Hat Wasser auch deshalb solche Faszination, weil es Geheimnisse verbirgt? Was mag da unten alles sein! Der Grund der Meere ist ja weniger erforscht als die Rückseite des Mondes... Dort in der Tiefe mag es Überraschungen und Schätze geben, die uns anziehen – doch auch Ungeheuer und Gefahren, die uns erschrecken.
Die Brandung des Meeres oder ein Wasserfall lassen die Gewalt des Wassers spüren. Hier stoßen wir auf seine bedrohliche Seite: Wasser ist übermächtig. Es reißt den kleinen Menschen mit; er kann darin ertrinken. Überschwemmungen oder gar eine Tsunami-Welle bringen Tod und Verwüstung.
Das Doppelgesicht des Lebens spiegelt sich im Wasser: Lebensfreude und Todesangst, Werden und Vergehen in ständigem Wandel, Tod und Leben in einem untrennbaren Wechselspiel.

Ins Wasser der Taufe getaucht

Die Liturgie der *Taufe* nimmt dieses Doppelgesicht des Lebens auf – eindrücklich vor allem, wenn durch Untertauchen getauft wird. Da wird ein

Mensch buchstäblich „begraben“, um – wie neu geboren – zu einem neuen Leben aufzuerstehen. Nichts wird verdrängt, die Realität des Todes ganz ernst genommen.
Indem wir als Getaufte den Weg Jesu durch Kreuz und Tod zur Auferstehung mitgehen, gewinnen wir Anteil am ewigen Leben. Doch dafür muss der „alte Mensch“ wirklich sterben: alles Böse und Selbstsüchtige in uns, die falschen Bindungen, alles was Gott widerstrebt... Das Wasser der Taufe reinigt vom Bösen, und wird Quelle unvergänglichen Lebens.

> *Wer von dem Wasser trinkt, das ich ihm geben werde, wird niemals mehr Durst haben; vielmehr wird das Wasser, das ich ihm gebe, in ihm zur sprudelnden Quelle werden, deren Wasser ewiges Leben schenkt.*
>
> Johannes-Evangelium 4,14

Jedes Mal, wenn ich *Weihwasser* nehme, will es mich daran erinnern: *Ich bin getauft.* Die Zwiespältigkeit des Lebens – das Böse, die Schuld, den Tod – habe ich in gewisser Weise schon hinter mir zurückgelassen, denn ich gehöre zu Jesus, dem Auferstandenen. Er reicht mir das wahre „Wasser des Lebens“: den Glauben, dass das Leben den Tod besiegt – und damit den Mut, mich dem „Strom des Lebens“ mit allen seinen Strudeln und Unwägbarkeiten zu stellen. Mag er mich mitreißen oder sogar verschlingen – ich trage schon ein unbesiegbares Leben in mir.

Zeit zum Verweilen und Nachdenken

- *Was war mir besonders wichtig – was will ich mir bewahren?*

Anregungen für das Gebet

Ich mache mir bewusst, was mir in der Taufe geschenkt wurde, und danke dafür: die Gotteskindschaft, die Liebe des Vaters, das neue Leben der Erlösten, die Freundschaft mit Jesus, der Heilige Geist, die Gemeinschaft der Kirche.

Impuls für den Tag

Mit Wasser bekomme ich häufig zu tun. Ich spüre seiner Ausdruckskraft nach – und lasse mich an das „Wasser des Lebens“ erinnern: die Lebenskraft meiner Taufe.

- *Habe ich eine eigene Idee für diesen Tag?*

2. WOCHE – 5. TAG
IM ZEICHEN DES KREUZES

Einstimmende Übung zur Sammlung: siehe S. 11-13

Zur Besinnung

Auf einer Mauer aus der Römerzeit fand man folgende Kritzelei: eine Gestalt mit einem Eselskopf, ans Kreuz genagelt, davor eine andere Gestalt in Gebetshaltung. Dabei stand: „Alexamenos betet seinen Gott an." Offenbar wollte hier jemand einen Christen und dessen Glauben an den „gekreuzigten Gott" Jesus Christus verspotten. Es ist die älteste Kreuzes-Darstellung...

Zeichen der Schande – Zeichen des Heils

Das Kreuz ist *das* Symbol des Christentums. Ein provozierendes Symbol! Denn ursprünglich war es ein Zeichen der Schande: der „Galgen", an dem man Verbrecher und Rebellen hinrichtete. „Gott ist verdammt – ein Verdammter ist Gott" (*Kurt Marti*)! Erst dadurch, dass Jesus, der Sohn Gottes, mit seinem Sterben am Kreuz die Menschheit erlöst, wird aus dem Kreuz ein Zeichen des Sieges und des Heils.

> *Ich will mich allein des Kreuzes Jesu Christi, unseres Herrn, rühmen, durch das mir die Welt gekreuzigt ist und ich der Welt.*
>
> Galaterbrief 6,14

Erlösung durch Leiden und grausamen Tod? Das gibt uns Rätsel auf. Gab es denn keinen anderen Weg? Menschliches Denken kann sich dem annähern und einiges zu begreifen suchen – doch ein Geheimnis wird bleiben.

- Im Leiden und Sterben von Jesus macht sich Gott eins mit allen Leidenden. Gott leidet mit uns mit; er begleitet uns durch alle Dunkelheiten.
- Auf seinem Weg durch das Kreuz in die Auferstehung besiegt Jesus den Tod und gibt uns Hoffnung auf ewiges Leben.
- In seiner Verlassenheit am Kreuz macht sich Jesus eins mit dem letzten, verlorensten Sünder und übernimmt dessen Schuld.
- Stellvertretend für alle Menschen erweist Jesus dem Vater unbedingten Gehorsam und erfüllt Gottes Willen bis zur Selbstaufgabe. Er leistet Sühne für unsere Sünden und richtet die Gerechtigkeit wieder auf, die durch unsere Schuld zerstört war.
- Der Gewalt von Menschen setzt Jesus die Gewaltlosigkeit einer Liebe entgegen, die noch den Feind einschließt.

In jedem Fall ist Jesu Sterben für uns ein Zeugnis, wie weit Gottes Liebe zu gehen bereit ist, um uns Menschen aus Tod, Schuld und Verlorenheit zu retten. Wir werden das nie völlig ermessen, es nur im Glauben annehmen können.

Ich trete unter das Kreuz

Mit dem Kreuzzeichen eröffnen und beschließen wir unsere Gebete. Jede Liturgie beginnt damit, und endet mit dem Segen im Zeichen des Kreuzes. Wir sollten das Kreuzzeichen nie gedankenlos ausführen! Denn mit ihm versetzen wir uns in das Geheimnis unserer Erlösung hinein. Alles, was Jesus uns durch sein Leben und Sterben erwirkt hat, rufe ich auf mich herab, wenn ich das Kreuz über mich zeichne. Es ist kein magisch wirkendes Schutzzeichen, aber es bringt mich in Verbindung mit jenem neuen Leben, das von Jesu Tod und Auferstehung ausgeht: *Im Kreuz ist Heil!*

- Leiden überschattet auch mein Leben. Doch es tröstet mich, dass Jesus mit mir leidet. Er trägt mein Kreuz mit.
- Einmal muss ich sterben. Doch weil Jesus am Kreuz den Tod besiegt hat, verliert der Tod seinen Schrecken.
- Ich weiß um meine Fehler, meine Abkehr von Gott, meine Gleichgültigkeit und Selbstbefangenheit. Doch Jesus hat schon Versöhnung gestiftet. Ich darf ihm meine Schuld übergeben und Vergebung finden.
- Immer wieder begegne ich verschiedensten Formen von Gewalt. Jesus ermutigt mich, Gewalt durch Liebe zu überwinden und Frieden zu stiften.

Für all das steht das Zeichen des Kreuzes – wahrhaft ein Symbol neuen, befreiten Lebens. Stellen wir uns unter das Kreuz!

Zeit zum Verweilen und Nachdenken

➢ *Was war mir besonders wichtig – was will ich mir bewahren?*

Anregungen für das Gebet

Aufmerksam zeichne ich das Kreuz über mich. Es umschließt meinen Leib, umschließt mein ganzes Sein.
Ich bedenke, was Jesus am Kreuz für mich erlitten und erwirkt hat. Kann ich ihm je genug dafür danken? Ich nehme ihn neu als meinen Erlöser an.

Impuls für den Tag

Das Zeichen des Kreuzes hilft, die Dunkelheiten des Lebens zu bestehen.

➢ *Habe ich eine eigene Idee für diesen Tag?*

2. Woche – 6. Tag
Mit dem Leib beten

Einstimmende Übung zur Sammlung: ***siehe S. 11-13***

Zur Besinnung

Körperhaltungen drücken viel aus – auch beim Gebet. Der Leib betet gleichsam mit. Wir betrachten hier einige charakteristische Gebetshaltungen, wie sie in der Liturgie und im persönlichen Gebet vorkommen. Es ist sinnvoll, sie selbst einzunehmen und ihnen nachzuspüren.

Knien / sich niederwerfen

Vor dem unendlichen Gott fühlt der Mensch sich klein – und macht sich klein: Er kniet nieder, oder wirft sich sogar ganz auf den Boden.
Würde ich vor irgendeinem Menschen auf die Knie fallen? Wohl kaum. Diese Haltung der Demut und Anbetung ist allein Gott gegenüber angemessen. Ich spüre und drücke aus, dass ich als Mensch nicht das höchste Wesen bin. Nur durch Gottes Macht existiere ich; was ich bin und habe, empfange ich von ihm. In Ehrfurcht beuge ich mich vor ihm und verehre ihn.

Stehen

Um jemanden zu begrüßen, oder wenn ein höher Gestellter den Raum betritt, steht man auf. Auch dies ist eine achtungsvolle Haltung, doch anders als das Knien. Ich stehe aufrecht – bei allem Respekt doch im Bewusstsein meiner eigenen Würde.
Gott will mich nicht demütigen, nicht mit seiner Übermacht erdrücken. Frei und aufrecht darf ich als sein Kind vor ihm, dem geliebten Vater, stehen und voll Vertrauen mit ihm sprechen. Zugleich bin ich im Stehen bereit, seinem Ruf zu folgen und „stehenden Fußes“ zu tun, was er mir aufträgt.

Sitzen

Wir setzen uns, um auszuruhen. Diszipliniertes Sitzen fördert aber auch die Aufmerksamkeit: So kann ich zuhören, nachdenken, lernen... Eine meditative Sitzhaltung bringt den Leib ins Gleichgewicht; ich gelange zu innerer Ausgeglichenheit und Sammlung. Sie kann in die Versenkung übergehen: Ohne sprechen zu müssen, öffne ich mich dem Geheimnis Gottes, der einfach da ist, und lasse seine heilende und erleuchtende Kraft auf mich einwirken.

Die Hände

Ich will dich rühmen mein Leben lang,
in deinem Namen die Hände erheben.

Psalm 63,5

Viele beten mit *gefalteten* Händen: eine Geste der Hingabe und des Gehorsams (sie stammt aus dem mittelalterlichen Lehens-Eid). Ich vertraue mich Gott an, lege mein Leben in seine Hände.
Manche liturgischen Gebete spricht der Priester mit *erhobenen* Händen. Im alten Israel und in der Frühzeit des Christentums war das allgemein üblich: Ich öffne mich nach oben, zum Himmel hin. So verehre ich Gott. Lobpreis und Anbetung reißen den Menschen geradezu über sich hinaus. Zugleich bin ich offen, Gottes Geist, die Kraft von oben, in mich einströmen zu lassen. Die „Oranten-Haltung“ mit angewinkelt erhobenen Armen bildet auch die Haltung von Jesus am Kreuz nach.
Wenn ich *bitten* will, kann es angemessen sein, die Hände nach vorn auszustrecken, die Handflächen nach oben geöffnet. Ich strecke Gott bittend meine Hände entgegen. Sie sind leer und zeigen meine Armut vor Gott. Zugleich sind sie frei und bereit, Gottes Gaben zu empfangen. So lasse ich mich beschenken.

Zeit zum Verweilen und Nachdenken

- *Was war mir besonders wichtig – was will ich mir bewahren?*

Anregungen für das Gebet

Welche Körper- oder Handhaltung entspricht meiner augenblicklichen Verfassung am besten? Was möchte ich zum Ausdruck bringen?
In dieser Weise bete ich jetzt, und verweile darin.

Impuls für den Tag

Was drückt meine Körperhaltung aus: in Arbeit und Ruhe, in Begegnung und Gebet? Ich übe mich darin, bewusster in meinem Leib da zu sein.

- *Habe ich eine eigene Idee für diesen Tag?*

2. Woche – 7. Tag
Rückblick auf die Woche

Einstimmende Übung zur Sammlung: **_siehe S. 11-13_**

Ich rufe mir die Leitgedanken der Besinnungen in Erinnerung:

1. Tag: *Sprechende Zeichen.* Symbole der Liturgie und der Sakramente.
2. Tag: *Licht und Leben.* Die Symbolsprache des Lichtes.
3. Tag: *Gesalbt mit dem Öl der Freude.* Die Symbolsprache des Öles.
4. Tag: *Geheimnisvolles Wasser.* Die Symbolsprache des Wassers.
5. Tag: *Im Zeichen des Kreuzes.* Bedeutung des Kreuzestodes Jesu.
6. Tag: *Mit dem Leib beten.* Haltungen und Gebärden.

Ich denke nach:

- ➢ Was hat mich besonders angesprochen oder berührt?
- ➢ Ist mir eine besondere Erfahrung zuteil geworden?
- ➢ Hat sich etwas in meinem Leben verändert?
- ➢ Inwieweit konnte ich einige der christlichen Symbole besser verstehen lernen?
- ➢ Was möchte ich mir bewahren?

Zeit zum Verweilen und Nachdenken

Anregungen für das Gebet

- Ich *danke* Gott für gute Erfahrungen, neue Einsichten, inneres Wachstum, positive Veränderungen in meinem Verhalten...
- Ich *übergebe* Gott alles, was unbefriedigend verlaufen ist. Im Vertrauen auf seine Vergebung darf ich es loslassen.
- Ich *bitte* Gott um Segen für alles, was ich mir vorgenommen habe.
- Vielleicht will ich noch in weiteren persönlichen Anliegen beten.
- Schließlich kann ich mein Gebet noch durch Gebärden und Symbole „verleiblichen".

Impuls für den Tag

Was war das Wichtigste, das ich in dieser Woche für meine praktische Lebensgestaltung entdeckt habe? Das vertiefe ich heute noch einmal.

3. WOCHE:

DAS MAHL DES HERRN

Einstimmende Schriftworte

Denn ich habe vom Herrn empfangen, was ich euch dann überliefert habe: Jesus, der Herr, nahm in der Nacht, in der er ausgeliefert wurde, Brot, sprach das Dankgebet, brach das Brot und sagte: Das ist mein Leib für euch. Tut dies zu meinem Gedächtnis! Ebenso nahm er nach dem Mahl den Kelch und sprach: Dieser Kelch ist der neue Bund in meinem Blut. Tut dies, so oft ihr daraus trinkt, zu meinem Gedächtnis!
Denn so oft ihr von diesem Brot esst und aus dem Kelch trinkt, verkündet ihr den Tod des Herrn, bis er kommt.

1. Korintherbrief 11,23-26

Jesus antwortete ihnen: Ich bin das Brot des Lebens; wer zu mir kommt, wird nie mehr hungern, und wer an mich glaubt, wird nie mehr Durst haben. ...
Amen, amen, ich sage euch: Wer glaubt, hat das ewige Leben. Ich bin das Brot des Lebens. Eure Väter haben in der Wüste das Manna gegessen und sind gestorben. So aber ist es mit dem Brot, das vom Himmel herabkommt: Wenn jemand davon isst, wird er nicht sterben. Ich bin das lebendige Brot, das vom Himmel herabgekommen ist. Wer von diesem Brot isst, wird in Ewigkeit leben. Das Brot, das ich geben werde, ist mein Fleisch für das Leben der Welt.
Da stritten sich die Juden und sagten: Wie kann er uns sein Fleisch zu essen geben? Jesus sagte zu ihnen: Amen, amen, das sage ich euch: Wenn ihr das Fleisch des Menschensohnes nicht esst und sein Blut nicht trinkt, habt ihr das Leben nicht in euch. Wer mein Fleisch isst und mein Blut trinkt, hat das ewige Leben, und ich werde ihn auferwecken am Letzten Tag. Denn mein Fleisch ist wirklich eine Speise, und mein Blut ist wirklich ein Trank. Wer mein Fleisch isst und mein Blut trinkt, der bleibt in mir, und ich bleibe in ihm.

Johannes-Evangelium 6,35.47-56

3. WOCHE – 1. TAG
ERINNERUNG UND BEGEGNUNG

Einstimmende Übung zur Sammlung: siehe S. 11-13

Zur Besinnung

9. Oktober 1989: Nach dem Friedensgebet in der Leipziger Nikolai-Kirche ziehen 70.000 Menschen mit brennenden Kerzen in der Hand durch die Stadt und demonstrieren für einen Wandel in der DDR. Das Regime, bereits zur Gewaltanwendung entschlossen, ist völlig überrascht und gelähmt. Einen Monat später fällt die Berliner Mauer. Der Weg zur deutschen Einigung ist frei. Nach und nach zerfallen die meisten kommunistischen Systeme.
Für uns, die wir es miterlebt haben, war diese gewaltlose Revolution wie ein Wunder. Wir schworen uns: *Niemals darf das in Vergessenheit geraten!*

Wir Menschen leben von Erinnerungen. Unsere Vergangenheit hat uns geformt. Wer sich ihrer nicht bewusst ist, weiß nicht, wer er selber ist. Gemeinsame Erinnerungen halten Familien und Gemeinschaften zusammen. Staaten feiern Gedenktage zu wichtigen Ereignissen ihrer Geschichte.

„Tut dies zu meinem Gedächtnis!"

Als Jesus sein letztes Abendmahl hielt, feierte er mit den Juden das *„Pascha"*, die Erinnerung an die Befreiung aus der ägyptischen Sklaverei. Dieses Ereignis hat Israels Selbstbewusstsein tief geprägt: „Wir sind ein von Gott befreites Volk!" Die Erinnerung daran half, Zeiten der Fremdherrschaft zu überstehen, und hielt die jüdische Identität trotz tausendjähriger Zerstreuung bis heute lebendig. Manchmal erwuchs daraus die Kraft, sich als Volk neu zu sammeln und um die Freiheit zu kämpfen. Das Pascha ist eine „gefährliche und befreiende Erinnerung" (*Johann Baptist Metz*). Jesus macht daraus das Gedächtnis seines eigenen „Pascha": seines „Hinübergangs" durch den Tod in die Auferstehung.[8)]

Ins österliche Geheimnis hineingenommen

In der Jerusalemer Grabeskirche gibt es eine Stelle, von der aus man sowohl den Felsen Golgota, den Ort der Kreuzigung, als auch das Grab von Jesus sieht: Tod und Auferstehung, die zentralen Ereignisse des Heiles, mit einem Blick erfasst! Genau diese Ereignisse feiern wir in jeder Eucharistie.

So oft ihr von diesem Brot esst und aus dem Kelch trinkt, verkündet ihr den Tod des Herrn, bis er kommt.

1. Korintherbrief 11,26

Erinnerungen können mächtig wirken. Dennoch sind die Geschehnisse selbst Vergangenheit. Anders bei der Eucharistie: Was damals geschah, wird wirklich gegenwärtig. Vor allem ist derjenige gegenwärtig, um den sich alles dreht: der lebendige Jesus. Unter den Zeichen von Brot und Wein tritt er in unsere Mitte. Aus Erinnerung wird Begegnung. Er lässt uns teilnehmen am „österlichen Geheimnis", dem Durchgang durch den Tod zur Auferstehung.
„Golgota" ist jetzt gegenwärtig: Jesus stirbt am Kreuz. Er gibt sein Leben hin für mich, für uns, für jeden Menschen. Alles Dunkel der Welt, alles Leid, alle Schuld zieht er auf sich und leidet es aus.
Dann richtet sich der Blick auf das Grab: Es ist leer – Jesus ist auferstanden. Er besiegt den Tod und alle Dunkelheiten des Lebens. So befreit er uns vom Joch des unentrinnbaren Todesschicksals.

Was Jesus für uns gewirkt hat, nehme ich als sein Geschenk in der Eucharistiefeier für mich an. Es soll meine Person und mein Leben prägen: Ich bin ein erlöster Mensch. Leid, Angst, Verzweiflung, Schuld und Tod – sie sind Realitäten. *Mit Jesus* gehe ich durch sie hindurch. Erspart bleiben sie mir nicht, doch sie verlieren ihre Macht über mich. Alles kann gewandelt werden in Auferstehung, Sieg, Freude... Manchmal *erfahre* ich, wie das mitten im Leben tatsächlich geschieht. Dies ist dann *mein* „Pascha": Geheimnis des „Hinübergangs", der Wandlung von Tod in Auferstehung.

Zeit zum Verweilen und Nachdenken

- *Was war mir besonders wichtig – was will ich mir bewahren?*

Anregungen für das Gebet

Ich bitte Jesus: Stärke meinen Glauben an das Geheimnis der Eucharistie. Lass mich täglich mit dir zusammen „sterben und auferstehen" und so Mut zum Leben inmitten seiner Widrigkeiten gewinnen.

Impuls für den Tag

Manche Situation weckt Erinnerungen. Ich achte auf sie: Was bedeuten sie mir? Setzen sie etwas in Gang? Sind sie „gefährlich und befreiend"?

- *Habe ich eine eigene Idee für diesen Tag?*

3. WOCHE – 2. TAG
MAHL DER GEMEINSCHAFT

Einstimmende Übung zur Sammlung: siehe S. 11-13

Zur Besinnung

„Essen und Trinken hält Leib und Seele zusammen!“

Was wir essen, ernährt uns. Doch wir Menschen „fressen“ nicht zur bloßen Nahrungsaufnahme wie die Tiere. Essen ist Kultur. Selbst wer allein isst, sorgt für Speisen, die ihm schmecken, deckt den Tisch, macht es sich gemütlich... Meist aber essen wir gemeinsam. Wir teilen das Mahl. Man redet miteinander, kommt sich näher, erlebt sich als Gemeinschaft.
Kein Festtag ohne Festmahl! Da gibt es dann etwas Besonderes zu essen und trinken, vielleicht Musik dazu, eine fröhliche Stimmung.

Jesus hält Mahl

Erstaunlich oft sprechen die Evangelien davon, wie Jesus sich mit anderen Leuten zum Mahl zusammensetzt. Das ist geradezu Teil seiner Verkündigungsmethode, denn beim Essen ist man ungezwungener und aufgeschlossener. Man kommt in Kontakt, lernt sich besser zu verstehen, lässt sich auch einmal etwas sagen. Dass Jesus auch mit Außenseitern gemeinsam isst, wird zum klaren (und zuweilen provozierenden) Zeichen, dass er die gesellschaftlichen Schranken sprengen und aus Fremden Freunde machen will. Das festliche Hochzeitsmahl dient ihm als Bild für die Freude und Gemeinschaft im Reich Gottes.

> *Während des Mahls nahm er das Brot und sprach den Lobpreis; dann brach er das Brot, reichte es ihnen und sagte: Nehmt, das ist mein Leib. Dann nahm er den Kelch, sprach das Dankgebet, reichte ihn den Jüngern, und sie tranken alle daraus. Und er sagte zu ihnen: Das ist mein Blut, das Blut des Bundes, das für viele vergossen wird.*
>
> Markus-Evangelium 14,22-24

Dann, beim letzten Abendmahl vor seinem Tod, als Jesus mit seinen Jüngern das traditionelle jüdische Pascha feiert, tut er etwas Überraschendes: Er nimmt Brot und Wein (sie spielen beim Pascha nicht einmal eine besondere Rolle) und erklärt sie zu Zeichen für seine bevorstehende Hingabe in den

Tod. Seinen Jüngern sollen sie bleibende Erinnerung an das sein, was er für sie tut. In Brot und Wein will er für immer leibhaftig, mit „Fleisch und Blut“, bei ihnen sein.
Seitdem feiern wir das „Mahl des Herrn“, die Eucharistie. Sie ist Mittelpunkt kirchlichen Lebens und die bedeutendste liturgische Feier.

Speise, die uns verwandelt und vereint

Auch wenn das „Mahl des Herrn“ nicht mehr mit einem Essen zur Sättigung verbunden ist wie in der Anfangszeit,[9)] sondern zur eigenständigen Liturgie wurde, trägt es doch alle Merkmale eines Mahles: Menschen versammeln sich; Brot (seltener auch Wein) wird ausgeteilt; wir essen – in Gemeinschaft. Doch *was* essen wir? Den „Leib Christi“! Das Brot ist mehr als Brot; Jesus selbst will unsere Nahrung sein.
Nichts dringt so tief in uns ein wie das, was wir essen. Der Körper verarbeitet es, bezieht daraus seine „Bausubstanz“ und Lebensenergie. Wenn Jesus unsere Speise wird, sagt er damit: Ich will so tief in dich eindringen wie deine Nahrung, will nicht nur geistig, sondern geradezu leibhaftig eins mit dir werden. Diese Speise aber verarbeitest du nicht – *sie* verwandelt *dich! Ich* bin die wahre Nahrung für dein Leben: Ich durchdringe dich, ich heilige dich, ich mache auch deinen Leib zum Tempel Gottes. Meine Kraft soll dich durchströmen. Sie verbindet dich mit mir, und lässt meine Liebe in dir stark werden.
Und ich verbinde dich mit allen, die dieses Mahl mit dir teilen, zu einer besonderen Form von Gemeinschaft. So verschieden ihr seid – ihr *seid* Geschwister, weil ich in euch allen lebe. Alle Schranken, alle Fremdheit zwischen euch reiße ich nieder. *Lebt* diese Gemeinschaft, dann werdet ihr Zeichen des Friedens sein!

Zeit zum Verweilen und Nachdenken

- *Was war mir besonders wichtig – was will ich mir bewahren?*

Anregungen für das Gebet

- Ich danke Jesus, dass er in der Eucharistie mein Leben nährt.
- Ich danke für die Gemeinschaft in der Kirche und in der eigenen Gemeinde.
- Ich bitte um die Kraft, auch Menschen, die mir fremd sind, anzunehmen.

Impuls für den Tag

Das Essen „kultivieren“, dabei Begegnung und Gemeinschaft suchen.

- *Habe ich eine eigene Idee für diesen Tag?*

3. WOCHE – 3. TAG
„LEIBHAFTIGE“ ZUWENDUNG

Einstimmende Übung zur Sammlung: ***siehe S. 11-13***

Zur Besinnung

Wesens-Verwandlung

Ein paar Streifen farbigen Stoffs sind nichts weiter als eben bunte Stoffstücke. Näht man sie jedoch nach einem bestimmten Muster zusammen, entsteht eine *Flagge*. Das ist etwas qualitativ Anderes. Die Flagge steht für die Ehre und die Identität eines Landes. So symbolisieren die Farben „schwarz-rot-gold“ für uns Deutsche die demokratischen Traditionen unseres Volkes. Die Nationalflagge zu verunglimpfen gilt wie ein Sakrileg und wird in den meisten Ländern bestraft.

Das Beispiel zeigt, wie sich etwas in seinem Wesen verwandeln und einen ganz neuen Charakter bekommen kann. Es mag verständlicher machen, was die Theologen des Mittelalters mit *„Transsubstantiation“* meinten. Mit diesem Begriff versuchten sie zu erklären, was bei der Wandlung in der Eucharistiefeier geschieht. „Substanz“ ist hier nicht im stofflichen Sinn zu verstehen, wie etwa heute ein Chemiker von „Substanzen“ spricht, sondern bezeichnet den innersten Wesenskern, der eine Sache zu dem macht, was sie ist. „Im Wesen“ werden Brot und Wein zu Leib und Blut Christi. „Wesensverwandlung“ wäre also eine sinngemäße Übersetzung. Das Stoffliche dagegen zählt zum äußeren Erscheinungsbild. Da bleiben Brot und Wein, wie sie waren; sie sehen aus, schmecken, fühlen sich an... wie zuvor. Wer eine geweihte Hostie zerkaut, verletzt Jesus nicht (das tut eher jemand, der äußerlich fromm zur Kommunion geht, aber finstere Gedanken im Herzen hat).

Dass Brot und Wein zu Leib und Blut Jesu gewandelt werden, wenn der Priester die Abendmahlsworte über sie ausspricht – das lässt sich äußerlich an nichts feststellen. Wir glauben daran auf das Wort von Jesus hin. Dadurch ist die Eucharistie ein „Sakrament“: Sie vermittelt die Begegnung mit Jesus durch Zeichen. Von allen Sakramenten ist die Eucharistie das „handgreiflichste“.

Gnade und Auftrag

> *Mein Fleisch ist wirklich eine Speise, und mein Blut ist wirklich ein Trank. Wer mein Fleisch isst und mein Blut trinkt, der bleibt in mir, und ich bleibe in ihm.*
>
> Johannes-Evangelium 6,55-56

Wie ernst man das von Anfang an genommen hat, zeigt etwa die „Brot-Rede“ im Johannes-Evangelium (6,22-59), wo es heißt, dass wir *„das Fleisch des Menschensohnes essen und sein Blut trinken“* (6,53). Die Begegnung mit Jesus ist keine rein geistige. Sie ist real, leibhaftig, „handgreiflich“. Wir Menschen werden als *ganze*, leiblich-geistige Wesen angerührt. Wie Essen und Trinken *leibhaftige* Vorgänge sind, so durchdringt Jesus uns ganz, Leib und Seele, wenn wir ihn empfangen.
Wenig muss ich hier tun; ich darf mich beschenken und *Jesus* wirken lassen! Es genügt, ihn mit offenem Herzen zu empfangen. Selten tritt das „Gnadenhafte“ an unserem Glauben so deutlich hervor. Jesus kommt zu mir, wirklich und leibhaftig. Er erfüllt meinen Geist und meinen Leib, heiligt mich, wandelt mich zu einem neuen Menschen nach seinem Bild. Ich darf es einfach geschehen lassen, darf die Kraft und Dynamik eines neuen Lebens *empfangen*.

Ein *Auftrag* liegt darin: „Seid Sakrament für die Welt!“ Was ich durch die immer neue Begegnung mit Jesus geworden bin, trage ich in mein Leben hinein. Es wirkt weiter in jeder Begegnung, in meinem gesamten Handeln und Reden. Erneut geschieht Wandlung: zu mehr Liebe, mehr Gemeinschaft, mehr Heilung, mehr Hoffnung...

Zeit zum Verweilen und Nachdenken

- *Was war mir besonders wichtig – was will ich mir bewahren?*

Anregungen für das Gebet

Still und empfänglich verweile ich. Auch jetzt ist Jesus da. Ich danke ihm für das Geschenk der Eucharistie, für seine leibhaftige Gegenwart, für seine verwandelnde Zuwendung in diesem Sakrament.
Ich mache mich bereit, mich von ihm formen zu lassen.

Impuls für den Tag

Finde ich heute Gelegenheit, eine Zeit lang in einer Kirche vor dem Tabernakel zu verweilen und die Gegenwart von Jesus auf mich wirken zu lassen?

- *Habe ich eine eigene Idee für diesen Tag?*

3. Woche – 4. Tag
Opfer aus Liebe

Einstimmende Übung zur Sammlung: siehe S. 11-13

Zur Besinnung

Ein Mensch opfert sich für einen andern

KZ Auschwitz: Ein Häftling ist entflohen. Der Kommandant verurteilt deshalb zehn andere zum Tode, darunter einen polnischen Familienvater. Freiwillig erklärt sich der Priester *Maximilian Kolbe* bereit, für ihn in den Hungerbunker zu gehen. Indem er sich für ihn opfert, rettet er ihm das Leben.
Von „Opfern" sprechen wir fast nur noch bei Unfällen, Naturkatastrophen oder Kriegen. Diese „Opfer" sind passiv Betroffene. Sie wollten nicht sterben, doch sie fielen unglücklichen Ereignissen „zum Opfer".
Wesentlich anders ist es, wenn jemand *freiwillig* um eines anderen Menschen willen Nachteile oder gar den Tod auf sich nimmt: „Aufopferungsvoll" pflegt ein Mann seine kranke Frau, sorgt eine Mutter für ihre Kinder; ein Feuerwehrmann riskiert im Einsatz sein Leben; ein Soldat opfert sich, um den Rückzug der Kameraden zu decken... Solche Opfer geschehen aus Liebe. Wer wirklich liebt, fragt nicht mehr: „Wo bleibe da ich selber?" Er hat den andern im Blick, tut alles für ihn, wagt sogar sein Leben und ist bereit, es hinzugeben.

Hingabe aus Liebe

> *Es gibt keine größere Liebe, als wenn einer sein Leben für seine Freunde hingibt.*
>
> Johannes-Evangelium 15,13

In seinem Sterben am Kreuz gibt Jesus sein Leben hin „für seine Freunde" – für *uns*. Nur im Hebräerbrief wird dieses „Opfer" verglichen mit den kultischen Opfern des Alten Bundes; offenbar konnte man so für Juden, die in dieser Gedankenwelt zu Hause waren, den Sinn des Kreuzes verständlicher machen. Man darf aber das Kreuzes-Opfer Jesu nicht einseitig aus dieser Perspektive sehen. Die Tiere, die im Tempel dargebracht wurden, waren passive Opfer. Sollte Gott in diesem Sinn ein Menschenopfer verlangen? Für die Bibel undenkbar! [10)] Jesus gibt sein Leben *freiwillig und aus Liebe* hin. Sein ganzes Leben ist in diesem Sinn „Opfer“: Stets verschenkt er sich an Gott und die Menschen; er lebt ganz für andere. Sein Tod ist die äußerste Konsequenz davon. Weil es Gottes Sohn selbst ist, der hier sein Leben hingibt, schafft sein Sterben den Sieg über den Tod, die Versöhnung mit Gott, die Vergebung der Schuld – *für alle*, für die gesamte Menschheit.[11)]

„Der eine lebt vom andern – für sich kann keiner sein“ [12)]

In der Feier der Eucharistie wird dieses Lebensopfer Jesu gegenwärtig. Wir Menschen opfern nichts, bringen nur Brot und Wein als sakramentale Zeichen dar. Auch Jesus opfert sich nicht immer wieder neu. Das hat er ein für alle Mal am Kreuz vollbracht. Wie mit einem Zeitsprung versetzt uns die Eucharistie in dieses Geschehen hinein.

Ein absoluter Ernst liegt darin: Es geht um Leben und Tod, Heil und Unheil – und um ein Geheimnis des Lebens. Denn wir Menschen können nicht zusammenleben, vor allem nicht lieben, ohne uns aneinander zu verschenken. Einer lebt vom andern. Rührt die Beziehungsunfähigkeit vieler von da her, dass sie nicht mehr bereit sind, sich für andere „aufzuopfern“?

Wenn ich Jesus in der Eucharistie empfange, nimmt er mich hinein in sein Opfer, in sein Leben und Sterben für andere. Will ich mir von ihm die Kraft geben lassen, um zu dem fähig zu werden, was ich von mir aus kaum vermag: mich zu verschenken an meine Mitmenschen, ohne Angst um mich selbst, wenn nötig bis zum Einsatz meines Lebens?

Zeit zum Verweilen und Nachdenken

- *Was war mir besonders wichtig – was will ich mir bewahren?*

Anregungen für das Gebet

Ich erbitte von Jesus die Kraft und die Bereitschaft zur Hingabe.

Die Vorstellung, mich zu „opfern“, mag Angst wecken (auch wo es nicht gleich um Leben und Tod geht). Dieser Angst stelle ich mich. Ich sage sie Jesus und bitte ihn, meinen Glauben an das Geheimnis von Tod und Auferstehung zu stärken.

Impuls für den Tag

Manche Situation fordert mich, uneigennützig etwas für andere zu tun. Will ich das Leben der Hingabe in kleinen Schritten einüben?

- *Habe ich eine eigene Idee für diesen Tag?*

3. Woche – 5. Tag
Arznei der Unsterblichkeit

Einstimmende Übung zur Sammlung: siehe S. 11-13

Zur Besinnung

Heilende Liturgie

Habe ich es schon erlebt? Irgendetwas Negatives ist vorgefallen: Etwas ging schief ... Jemand hat mich angegriffen oder beleidigt ... Ich weiß nicht weiter und bin verwirrt ... Niedergeschlagenheit macht sich breit ...
Voll negativer Gefühle oder in innerem Aufruhr gehe ich zur heiligen Messe. Eigentlich bin ich gar nicht in der rechten Verfassung dafür. Doch dann, während der Feier, geschieht, was wie ein Wunder anmutet: In mir wandelt sich etwas; ich werde seelisch geheilt! Der Ärger legt sich ... Die Wut verfliegt ... Ich kann wieder verzeihen ... Die Verwirrung klärt sich ... Die Traurigkeit verliert ihre Macht ... Ich finde wieder Frieden. In völlig verwandelter Stimmung gehe ich nach Hause. – Viel habe ich nicht dafür getan. Ich war nur da und habe mich von der Liturgie mitnehmen lassen. Es scheint, dass eine *heilende Kraft* in der Eucharistie liegt!

Arznei gegen den Tod

Die Eucharistie als „Heilmittel"? „Arznei der Unsterblichkeit" wird sie in der Tradition gern genannt. Zuerst meint das: Wenn ich Jesus in der Eucharistie empfange, gewinne ich Anteil an seiner Lebens- und Auferstehungs-Macht. Vor allem das Johannes-Evangelium wird nicht müde zu betonen, dass das „ewige Leben" schon in uns ist – auf Grund des Glaubens an Jesus: *„Wer glaubt, hat das ewige Leben"* (6,47). Genährt und immer neu gestärkt wird es durch das „Brot des Lebens", den Leib Christi, den wir in der Eucharistie empfangen.

> *Eure Väter haben in der Wüste das Manna gegessen und sind gestorben. ... Ich bin das lebendige Brot, das vom Himmel herabgekommen ist. Wer von diesem Brot isst, wird in Ewigkeit leben. Das Brot, das ich geben werde, ist mein Fleisch für das Leben der Welt.*
>
> Johannes-Evangelium 6,49.51

Die Eucharistie ist das Heilmittel gegen jene Krankheit, gegen die auf Erden absolut kein Kraut gewachsen ist: gegen unsere *Sterblichkeit*, den Tod. Dem natürlichen Tod entgehen wir trotzdem nicht; aber er verliert an Schrecken, weil er jetzt nur noch Übergang ins vollendet heile Leben der Ewigkeit ist.

Sich der Feier anvertrauen

Dieses unvergängliche Leben trage ich bereits in mir. Ist die zuweilen zu spürende heilende Kraft der Eucharistie eine seiner jetzt schon erfahrbaren Wirkungen? Die Liturgie selbst hilft, sich darauf einzulassen; ihrer Dynamik vertraue ich mich an:

- Im *Bußakt* zu Beginn darf ich alles Negative – ob Schuld oder Zorn, Ärger oder Verwirrung, Angst oder Verzweiflung – vor Gott „abladen". Seine liebende Zuwendung und Vergebung werden mir zugesagt.
- *Dank und Lobpreis*, nicht zuletzt in den Gesängen, wirken düsteren Gedanken und Gefühlen entgegen.
- Das *Wort Gottes*, das ich höre, durchbricht mein Kreisen um mich selbst. Es spricht mir Trost, Hoffnung, Mut zu, entfacht eine Leidenschaft für Versöhnung und Liebe.
- In der *Gabenbereitung* gebe ich mit Brot und Wein mich selbst in die Feier hinein. So kann sich die *Wandlung* auch an meiner Seele vollziehen.
- Dem *„Lamm Gottes, das die Sünde der Welt hinwegnimmt"*, übergebe ich alle Last und alle Schuld.

Wenn ich dann Jesus in der *Kommunion* empfangen habe, tut sich oft eine besondere Tiefe auf: Er ist in mir, erfüllt meine Seele mit seiner liebenden und heilenden Gegenwart. Ich brauche mich ihm nur zu überlassen, mich beschenken und erneuern lassen.

Zeit zum Verweilen und Nachdenken

- ➢ *Was war mir besonders wichtig – was will ich mir bewahren?*

Anregungen für das Gebet

Plagt mich innerlich irgendetwas? Auch jetzt kann ich es Jesus zur Heilung übergeben. Ich spreche meine Gedanken und Gefühle aus, ohne etwas zu verbergen oder zu verleugnen – und lasse sie los.

Impuls für den Tag

Wenn Ärger, Wut, Verzweiflung oder Angst mich befallen, dann denke ich daran: Bei *Jesus* gibt es Heilung, Frieden, innere Erneuerung, Versöhnung...

- ➢ *Habe ich eine eigene Idee für diesen Tag?*

3. Woche – 6. Tag
Sakrament des Alltags

Einstimmende Übung zur Sammlung: siehe S. 11-13

Zur Besinnung

Einige Sakramente empfängt man ein einziges Mal im Leben, andere zu bestimmten Anlässen. Nur die Eucharistie wird täglich gefeiert; zumindest jeden Sonntag nimmt ein praktizierender Katholik daran teil. Sie ist das Sakrament für jeden Tag – Quelle des Lebens für einen vom Glauben geformten Alltag! Umgekehrt wirkt das, was wir im Alltag verwirklichen, zurück auf die Weise, wie wir feiern können.

Mit dem lebendigen Jesus leben

Was haben wir zu feiern? Zuerst unsere Verbundenheit mit Jesus: Ihn empfange ich in der Kommunion (*„communio“* = „Gemeinschaft“!); er will mein Lebensbegleiter sein. Ich spüre einigen Erfahrungen nach:

- Jesus ist mir Freund und Weggefährte. Manchmal kann ich seine Nähe spüren; sie trägt und ermutigt mich. Frieden erfüllt mein Herz trotz äußerer Unruhe.
- Im Gebet finde ich Kontakt zu Jesus. Vor ihm schütte ich mein Herz aus, und gewinne Klarheit für mein Tun.
- Ich lebe aus einem Grundvertrauen zu Jesus. Dieses Vertrauen kann angefochten werden, doch ich erlebe auch: Inmitten meiner eigenen Verwirrung, meiner Zweifel und Ängste wird es mir von ihm neu geschenkt.
- Wo mein Versagen mich niederdrückt, fasse ich wieder Zuversicht, weil ich an das Erbarmen von Jesus glaube.

Die Beziehung zu Jesus, die ich im Alltag lebe, lässt mich die Begegnung mit ihm in der Eucharistie intensiver erfahren. Diese wiederum stärkt meine Verbundenheit mit ihm.

Erlöstes Dasein

Durch Jesus bin ich ein erlöster Mensch. Mein Leben ist von vielerlei negativen Kräften befreit.

- Ich weiß um die Liebe Gottes, des Vaters. Mein Leben ist sein Geschenk, und darum zutiefst sinnvoll und wert, es zu bejahen.

- Die Begegnung mit Gottes Liebe heilt in mir viel innere Zerrissenheit, mangelnde Selbstannahme und Folgen belastender Lebenserfahrungen.
- Manchmal spüre ich, wie eine Kraft zu Liebe und Versöhnung da ist, weit über das hinaus, was ich selbst vermag.
- In dunklen Stunden richtet sich mein Blick auf Jesus: Er trägt mein „Kreuz“ mit. Ich erfahre seine Kraft, die Tod in Auferstehung verwandelt.

Es gibt etwas zu feiern: unser neues Leben! Es verdichtet sich im Gottesdienst. Zugleich strahlt die Freude, die dort herrscht, auf den Alltag aus.

Gemeinschaft

> *Ist das Brot, das wir brechen, nicht Teilhabe am Leib Christi? Ein Brot ist es, darum sind wir viele ein Leib; denn wir alle haben teil an dem einen Brot.*
>
> 1. Korintherbrief 10,16b-17

Wir *sind* Brüder und Schwestern – verbunden auch im Alltag!

- Meine Familie ist mehr als menschliche Gemeinschaft. Alle Beziehungen werden durchdrungen von der Liebe Christi.
- Einige Menschen, die ich aus dem Gottesdienst oder gemeindlichen Tätigkeiten kenne, sind meine persönlichen Freunde geworden.
- Ich treffe mich mit einer Gruppe. Hier tauschen wir uns aus über unser Leben, hören auf Gottes Wort, und erfahren geistliche Gemeinschaft.

Diese Gemeinschaft prägt die Atmosphäre im Gottesdienst – und unsere Verbundenheit wird dort neu gestärkt.

Was wir im Alltag leben, schöpft aus der Eucharistie. Zugleich feiern wir umso intensiver, je mehr wir das erlöste Dasein wirklich erfahren. Eine solche Feier gewinnt eine Tiefe, die auch suchende Menschen faszinieren kann!

Zeit zum Verweilen und Nachdenken

- *Was war mir besonders wichtig – was will ich mir bewahren?*

Anregungen für das Gebet

Ich danke Jesus für die Gaben seiner Liebe, der Erlösung und der Gemeinschaft. Ich bitte ihn, mich im Alltag dafür aufmerksamer werden zu lassen.

Impuls für den Tag

Wie mag ich heute meine Verbundenheit mit Jesus, mein Erlöstsein und die geschwisterliche Gemeinschaft erleben?

- *Habe ich eine eigene Idee für diesen Tag?*

3. WOCHE – 7. TAG
RÜCKBLICK AUF DIE WOCHE

Einstimmende Übung zur Sammlung: siehe S. 11-13

Ich rufe mir die Leitgedanken der Besinnungen in Erinnerung:

1. Tag: *Erinnerung und Begegnung.* Die Eucharistie als Gedächtnisfeier.
2. Tag: *Mahl der Gemeinschaft.* Die Eucharistie als Mahlfeier.
3. Tag: *„Leibhaftige" Zuwendung.*
   Die „Wandlung" der eucharistischen Gestalten.
4. Tag: *Opfer aus Liebe.* Die Eucharistie als Feier der Hingabe von Jesus.
5. Tag: *Arznei der Unsterblichkeit.* Die heilende Kraft der Eucharistie.
6. Tag: *Sakrament des Alltags:*
   Christusbeziehung – Erlösung – Gemeinschaft.

Ich denke nach:

- Was hat mich besonders angesprochen oder berührt?
- Ist mir eine besondere Erfahrung zuteil geworden?
- Hat sich etwas in meinem Leben verändert?
- Was an der Eucharistiefeier habe ich tiefer verstanden?
- Was möchte ich mir bewahren?

Zeit zum Verweilen und Nachdenken

Anregungen für das Gebet

- Ich *danke* Gott für gute Erfahrungen, neue Einsichten, inneres Wachstum, positive Veränderungen in meinem Verhalten...
- Ich *übergebe* Gott alles, was unbefriedigend verlaufen ist. Im Vertrauen auf seine Vergebung darf ich es loslassen.
- Ich *bitte* Gott um Segen für alles, was ich mir vorgenommen habe. Besonders bete ich um eine persönlichere Begegnung mit Jesus in der Feier der Eucharistie.
- Vielleicht will ich noch in weiteren persönlichen Anliegen beten.

Impuls für den Tag

Was war das Wichtigste, das ich in dieser Woche für meine praktische Lebensgestaltung entdeckt habe? Das vertiefe ich heute noch einmal.

4. Woche:
Am Tisch des Wortes

Einstimmende Schriftworte

Höre, Israel! Jahweh, unser Gott, Jahweh ist einzig. Darum sollst du den Herrn, deinen Gott, lieben mit ganzem Herzen, mit ganzer Seele und mit ganzer Kraft.
Diese Worte, auf die ich dich heute verpflichte, sollen auf deinem Herzen geschrieben stehen. Du sollst sie deinen Kindern wiederholen. Du sollst von ihnen reden, wenn du zu Hause sitzt und wenn du auf der Straße gehst, wenn du dich schlafen legst und wenn du aufstehst. Du sollst sie als Zeichen um das Handgelenk binden. Sie sollen zum Schmuck auf deiner Stirn werden. Du sollst sie auf die Türpfosten deines Hauses und in deine Stadttore schreiben.

Deuteronomium 6,4-9

Denn wie der Regen und der Schnee vom Himmel fällt und nicht dorthin zurückkehrt, sondern die Erde tränkt und sie zum Keimen und Sprossen bringt, wie er dem Sämann Samen gibt und Brot zum Essen, so ist es auch mit dem Wort, das meinen Mund verlässt. Es kehrt nicht leer zu mir zurück, sondern bewirkt, was ich will, und erreicht all das, wozu ich es ausgesandt habe.

Jesaja 55,10-11

Was von Anfang an war, was wir gehört haben, was wir mit unseren Augen gesehen, was wir geschaut und was unsere Hände angefasst haben, das verkünden wir: das Wort des Lebens.

1. Johannesbrief 1,1

Wenn ihr zusammenkommt, trägt jeder etwas bei: einer einen Psalm, ein anderer eine Lehre, der dritte eine Offenbarung; einer redet in Zungen, ein anderer deutet es. Alles geschehe so, dass es aufbaut.

1. Korintherbrief 14,26

4. WOCHE – 1. TAG
„WIR VERSAMMELN UNS ZU DIR, O GROSSER GOTT“

Einstimmende Übung zur Sammlung: siehe S. 11-13

Zur Besinnung

Gemeinschafts-Religion

„Warum muss ich sonntags in die Kirche gehen? Kann ich nicht ebenso gut zu Hause beten – oder im Wald?“ Selbstverständlich kann man das. Doch es wäre eine individuelle Frömmigkeit: Ich und mein Gott. Das Christentum ist jedoch von Anfang an eine stark auf *Gemeinschaft* orientierte Religion gewesen. Schon die Offenbarung des Alten Bundes erging an ein *Volk:* Israel verstand sich als Gottes auserwähltes Volk. Dies galt als Vorzug und Auftrag zugleich: zu bezeugen, wie befreites und friedliches Zusammenleben unter dem Wort und der Weisung Gottes aussieht – und zwar für eine ganzes Volk, bis in die politische und wirtschaftliche Ordnung hinein. Das setzt sich fort im Volk Gottes des Neuen Bundes: der Kirche.
Wir Menschen sind Gemeinschafts-Wesen. Ist es nicht natürlich, auch den *Glauben* in Gemeinschaft zu leben und zu feiern? Er schafft ja eine besondere Form von Zusammengehörigkeit: Dass wir alle Kinder des einen Vaters im Himmel, zugleich Brüder und Schwestern von Jesus sind, vereint uns über alle Schranken und Verschiedenheiten hinweg. Diese Gemeinschaft trägt mich und gibt meinem Glauben Heimat. Empfinde ich das? Fühle ich mich in meiner Gemeinde zu Hause? Komme ich gern mit den anderen zusammen? – Für die Christen der Anfangszeit war diese Erfahrung so stark, dass sie sagten: Ohne unsere Versammlungen können wir nicht leben! [13)]
Eine christliche Gemeinde versammelt sich um *Jesus;* er ist ihre lebendige Mitte. *„Der Herr sei mit euch!“* Nicht eine Idee, ein Ritual, gemeinsame Aktionen oder Ziele führen uns zusammen, sondern *zuerst* die Liebe zu ihm, unserm Herrn und Erlöser. Wir wissen: Wann immer wir uns um ihn versammeln, tritt er in unsere Mitte und beschenkt uns.

> *Alles, was zwei von euch auf Erden gemeinsam erbitten, werden sie von meinem himmlischen Vater erhalten. Denn wo zwei oder drei in meinem Namen versammelt sind, da bin ich mitten unter ihnen.*
>
> Matthäus-Evangelium 18,19-20

Danksagung

Wir kommen zusammen in *Dankbarkeit!* „Eucharistie“ bedeutet „Danksagung“. Als Jesus bei seinem letzten Mahl Brot und Wein nahm, dankte er zuerst dem Vater. Dies gab der ganzen Feier ihren Namen.

Zur Dankbarkeit haben wir vielfältigen Anlass:

- Für die großen Taten Gottes in der Heilsgeschichte, angefangen bei der Schöpfung über seine Offenbarung bis zur Erlösung durch Jesu Tod und Auferstehung. Diese Taten Gottes rufen wir uns in Erinnerung.
- Für die Gegenwart Jesu unter uns: Er verschenkt sich heute an uns, und wirkt Gutes in unserem Leben. Dafür öffnen wir uns.
- Für unsere Hoffnungen: Gott verheißt uns eine Vollendung, ewiges Leben, eine neue Schöpfung. Darauf richten wir uns aus.

Dankbarkeit ist eines der Geheimnisse des Glücks! Wer dankbar ist, schaut auf das Gute, das er erfährt, denkt positiv, lebt froh und optimistisch. Hier liegt auch eine der tiefsten Quellen echter Religiosität: Wer weiß, dass er „sich verdankt“, wird immer seinem Schöpfer dankbar sein und ein positives Verhältnis zu ihm haben.

Es könnte sich lohnen, vor jeder Eucharistiefeier zu überlegen: Was habe ich in der vergangenen Woche an Gutem erlebt? Fühle ich mich beschenkt? In dieser Dankbarkeit gehe ich zur „Eucharistie“ – so wird sie wirklich zu einem *Fest!*

Zeit zum Verweilen und Nachdenken

- *Was war mir besonders wichtig – was will ich mir bewahren?*

Anregungen für das Gebet

Ich danke:

- Für die Gemeinschaft der Brüder und Schwestern im Glauben, die mich trägt.
- Für Gottes Heilstaten; vielleicht auch für konkrete Erlebnisse, die ich in letzter Zeit als Geschenke Gottes empfunden habe.
- Für Jesu Gegenwart in meinem Leben und inmitten unserer Gemeinschaft.

Impuls für den Tag

Ich achte auf das Positive im Leben, das mich dankbar und froh macht.

- *Habe ich eine eigene Idee für diesen Tag?*

4. WOCHE – 2. TAG
VERGEBUNG UND HEILUNG

Einstimmende Übung zur Sammlung: siehe S. 11-13

Zur Besinnung

Bittere Wahrheit – verdrängte Wahrheit

„Das Christentum stempelt den Menschen als Sünder ab und macht ihn klein und hässlich. Gleich zu Beginn jeder heiligen Messe wird uns eingehämmert, was für große Sünder wir seien!" Ein oft erhobener Vorwurf.

Über Schuld und Sünde denkt man heute nicht gerne nach. Manche würden am liebsten ganz verleugnen, dass es so etwas wie Schuld überhaupt gibt. Sie zählt zu den dunklen und bitteren Wahrheiten über unser Menschsein. Wir sind freie Wesen und darum verantwortlich für das, was wir tun und lassen. Nicht immer wirken wir Gutes, allzu oft auch Böses. Schuld reicht tiefer als eine bloße Übertretung von Geboten. Stets wird etwas zerstört, werden Menschen zurückgewiesen, verletzt, ausgenutzt, betrogen... – wird ein „Nein" zum Leben gesprochen.

Schuld bedrückt uns. Man kann verstehen, dass sie lieber verdrängt wird. Im Unbewussten aber nagt sie weiter und vergiftet uns. Oft werden andere beschuldigt: Alles soll schuld sein – die Verhältnisse, die Gesellschaft, die menschliche Natur, oder einfach „die anderen" –, bloß nicht ich selbst! Gelöst wird nichts dadurch, nur neuer Unfriede heraufbeschworen.

Chance der Wandlung

Schuld kann nur gelöst werden, indem man sie anerkennt und bereut. Dann tut sich die Chance auf zu Vergebung und Versöhnung; dann kann man aus Fehlern lernen und an eigenem Versagen wachsen. Genau diese Chance eröffnet der *Bußakt* zu Beginn der Eucharistiefeier. Die „gute Nachricht" des christlichen Glaubens besteht nicht darin, dem Menschen zu sagen, dass er ein Sünder sei. Das weiß er, wenn er ehrlich mit sich selbst ist. Niemand ist vollkommen – eine Binsenweisheit. Die gute Nachricht lautet: Du darfst mit deiner Schuld vor Gott treten. Er schleudert nicht Blitz und Donner auf dich. Er macht dich nicht fertig, wie Menschen das gar zu oft miteinander tun. Jetzt feiern wir den Tod Jesu, durch den er alle Schuld der Welt versöhnt hat – auch die deinige. Bekenne dein Versagen, bereue es, dann verzeiht er dir. Nimm die Gnade der Vergebung einfach an!

Wenn wir sagen, dass wir keine Sünde haben, führen wir uns selbst in die Irre, und die Wahrheit ist nicht in uns. Wenn wir unsere Sünden bekennen, ist er treu und gerecht; er vergibt uns die Sünden und reinigt uns von allem Unrecht.

1. Johannesbrief 1,8-9

Raum der Annahme und Freiheit

Ist es nicht befreiend, dass ich vor Gott so da sein darf, wie ich bin – samt meinen Ecken und Kanten, meinen Verletzungen, meiner Schuld? Manche Wahrheit über mich selbst mag bitter sein – doch jetzt macht sie mich frei. Nichts braucht verdrängt, beschönigt oder auf andere abgeschoben zu werden. Ich betrete einen Raum der Annahme und Freiheit. Hier werde ich heil; hier kann ich als Mensch wachsen und reifen.

Versöhnt bin ich mit Gott – zugleich mit den Mitmenschen. Schuld zerstört immer die Beziehungen zwischen uns, sät Unfrieden und Entfremdung. Jetzt spricht uns Gott Versöhnung zu. Sie kommt noch einmal zum Ausdruck, wenn wir einander den Friedensgruß geben. Die Eucharistiefeier heilt unsere Beziehungen. Friede geht von ihr aus.
Nehme ich aus ihr eine Leidenschaft für Frieden und Versöhnung mit?

Zeit zum Verweilen und Nachdenken

- *Was war mir besonders wichtig – was will ich mir bewahren?*

Anregungen für das Gebet

Bin ich mir ungelöster Schuld bewusst: Zerwürfnisse mit anderen, Vorwürfe usw.? Ich bete um Vergebung und Versöhnung.
Das fällt nicht immer leicht. Verletzungen sitzen wie ein Stachel fest. Eigener Stolz blockiert die Einsicht in Schuld. Vor Gott aber darf ich so sein, wie ich wirklich bin. Ich lasse mich von seiner Liebe heilen, wandeln und versöhnen.

Impuls für den Tag

Wenn mir Schuld und Unfrieden begegnen, weiß ich: Vergebung und Versöhnung sind möglich, weil *Gott* uns vergibt.

- *Habe ich eine eigene Idee für diesen Tag?*

4. WOCHE – 3. TAG
ZU GOTTES EHRE GESCHAFFEN

Einstimmende Übung zur Sammlung: siehe S. 11-13

Zur Besinnung

„Du hast uns geschaffen, damit wir dich preisen!"

Wozu sind wir da? Wozu gibt es die Welt mit all ihrer Vielfalt und Fülle? Die Liturgie gibt eine überraschende Antwort: Alles existiert *zur Ehre Gottes!* „Du hast uns geschaffen, damit wir dich preisen", beginnt ein Tagesgebet zur heiligen Messe. Das ist nicht so sehr als „Zweck" der Schöpfung zu verstehen – als ob Gott es nötig hätte, sich einen „Fan-Club" zu schaffen, der ihm zujubelt. Eher stellt es eine Aussage über unser Wesen dar: Wir *sind* ein Lobpreis Gottes; die Tatsache an sich, dass wir und die ganze Welt da sind, erschaffen aus dem Nichts und im Dasein gehalten von Gottes Seinsmacht, verherrlicht Gott. Die Natur tut es durch ihre Schönheit und Großartigkeit. Allein wir Menschen aber können uns dessen bewusst werden, dass wir uns Gott verdanken, und ihn ausdrücklich dafür preisen. So sind wir gleichsam der Mund der Schöpfung, mit dem sie ihrem Schöpfer antwortet.
Lobpreis ist zweckfrei – reiner Ausdruck der Freude an Gott. Er hat uns erschaffen, damit wir da sind und uns des Lebens freuen – das ist seine höchste Ehre. Echte Religion fängt dort an, wo wir aus ihr keinen Nutzen ziehen wollen, sondern einfach Gott um seiner selbst willen verehren. Wir betreten hier einen Raum freien Schenkens, erfüllt von Daseinsfreude.

Den König Christus begrüßen

Auf den Bußakt folgt in der Eucharistiefeier die Begrüßung von Jesus in unserer Mitte mit dem *„Kyrie"*. Das „Herr, erbarme dich!" war ursprünglich ein Begrüßungsruf für Könige. Hier wird es zum „messianischen" Ruf: Christus, der König der Endzeit, tritt in die Mitte seines Volkes. Wir heißen ihn willkommen und jubeln ihm zu mit dem Gesang des *„Gloria"*. Darin verherrlichen wir Gott, den Vater und Schöpfer, und Jesus als Erlöser.

Jauchzt vor dem Herrn, alle Länder der Erde!
Dient dem Herrn mit Freude!
Kommt vor sein Antlitz mit Jubel!

Psalm 100,1-2

Lobpreis kann einen Menschen über sich hinausreißen. Er ist ganz „hingerissen“ von Gottes Größe und Liebe, und will nichts anderes mehr, als ihn zu verherrlichen. Es liegt geradezu ein Vorgeschmack der Ewigkeit darin, wo Leid, Tod und Dunkel vergangen sind und uneingeschränkte Freude an Gott herrscht.

Lobpreis durchbricht die Dunkelheiten

Manche kommen zum Gottesdienst, niedergedrückt von den vielerlei Lasten ihres Lebens. Sie sind nicht in der Stimmung, jetzt Gott zu preisen – viel lieber würden sie klagen. Doch liegt eine Weisheit darin, sich trotzdem auf den Lobgesang einzulassen: Der menschlichen Neigung, sich in negative Stimmungen zu vergraben und sich immer weiter hineinzusteigern, setzt die Liturgie eine positive Kraft entgegen. Lobpreis will Leid nicht verleugnen oder Gefühle „niederbügeln“. Er ist eher, unabhängig von der eigenen Stimmung, ein Bekenntnis, dass Gott auch in belasteten Situationen „der Herr“ bleibt: „Was immer passieren mag – du bist da und kannst alles zum Guten lenken! Ich vertraue dir!“
So durchbricht der Lobgesang der Liturgie meine eigenen Dunkelheiten und wird zum Lichtblick. „Singe Christus, bis die Freude wieder durchbricht“, rät *Frère Roger von Taizé!*

Zeit zum Verweilen und Nachdenken

- *Was war mir besonders wichtig – was will ich mir bewahren?*

Anregungen für das Gebet

Spontanen Anlass zum Lobpreis kann die Schönheit der Natur bieten, ebenso eine tief gehende geistliche Erfahrung: Betroffenheit, Gebetserhörung, eine besondere Begegnung, spürbare Nähe Gottes, Heilung...
Was ist jetzt so lebendig in mir, dass es mich drängt, Gott zu loben? Ich gebe ihm Ausdruck.

Impuls für den Tag

Wo begegne ich heute der Herrlichkeit Gottes? Möchte ich ihn dann preisen?

- *Habe ich eine eigene Idee für diesen Tag?*

4. WOCHE – 4. TAG
HÖRER DES WORTES

Einstimmende Übung zur Sammlung: siehe S. 11-13

Zur Besinnung

Gott spricht zu uns

> *Niemand hat Gott je gesehen. Der Einzige, der Gott ist und am Herzen des Vaters ruht, er hat Kunde gebracht.*
>
> Johannes-Evangelium 1,18

Für menschliche Augen bleibt Gott unsichtbar. Die Brücke zwischen ihm und uns ist vor allem das *Wort*. Gott offenbart sich, indem er zu uns spricht. Der Mensch ist – nach einem Buchtitel von *Karl Rahner* – „Hörer des Wortes". Allein in Jesus ist, wie das Johannes-Evangelium (1,14) sagt, *„das Wort Fleisch geworden":* In seiner menschlichen Gestalt wird Gott anschaubar, und die Worte seiner „Guten Nachricht" bringen uns Kunde von Gott.
Wir hören Gottes Wort in den Lesungen und im Evangelium der Eucharistiefeier. In der Predigt wird es ausgelegt. Das 2. Vatikanische Konzil hat die Wort-Liturgie innerhalb der heiligen Messe aufgewertet und die Lese-Ordnung so erweitert, dass in den drei sonntäglichen und zwei werktäglichen Lesejahren alle wichtigen Teile der Heiligen Schrift zu Gehör kommen. Der „Tisch des Wortes" ist reich gedeckt.

Kunst des Hörens

Wer immer nur glauben will, was er *sieht*, wird wohl an gar nichts glauben. „Das *Ohr* ist der Weg zu Gott", sagt eine indische Weisheit. *„Höre, Israel!"* mahnt Mose das Volk (Deuteronomium 6,4). Paulus betont, dass der Glaube durch das Hören der Guten Nachricht geweckt wird (vgl. Römerbrief 10, 17-18). Es lohnt sich, das sensible Hören einzuüben.
Was höre ich, wenn ich selber still bin und nur lausche? Erstaunlich, wie viele leise, sonst überhörte Geräusche plötzlich wahrnehmbar werden! Das Ohr hört vieles, was das Auge nicht sieht: hinter meinem Rücken, durch eine Wand, im Innern verborgen... Je stiller es wird, desto mehr öffnet sich das Gehör. Wenn jeder Laut verstummt, bin ich keineswegs taub – ich „höre" noch die Stille!

Wer gut zuhören kann, gilt als angenehmer Gesprächspartner. Einfühlsames Zuhören hat geradezu seelisch heilende Kraft. In jedem Gespräch müssen sich Reden und Hören aufeinander einstimmen, sonst redet man aneinander vorbei.

Wort Gottes – heute für mich

Wie höre ich auf das Wort Gottes? Die Bibel ist im Laufe vieler Jahrhunderte entstanden und erscheint zunächst nicht anders als jede von Menschen verfasste Schrift. Gott spricht sein Wort durch das Wort von Menschen hindurch. Man kann es nehmen wie sonst einen Text. Dann ist die Bibel mehr oder weniger interessant, dient vielleicht als bedeutende historische Quelle. Zur Wirkung als Gottes Wort kommt sie erst, wenn ich wirklich *glaube*, dass in ihr Gottes Anruf wiederhallt, dass Gottes Geist durch sie weht – ja, dass Gott *heute* durch sein Wort neu zu uns, zu *mir* sprechen will.
Wenn ich im Gottesdienst das Wort der Heiligen Schrift höre, öffne ich das Ohr meines Herzens und lasse mich berühren. Ich höre „ge-*hor*-sam" zu – nicht unterwürfig, aber bereit, mir etwas sagen und mich auch herausfordern zu lassen. Vielleicht entdecke ich dabei das „Wort heute für mich": einen Gedanken oder Impuls, der mich *jetzt* berührt. Darin spricht Gott mich persönlich an. Vielleicht erlebe ich, dass (wie den Jüngern auf dem Weg nach Emmaus) „mein Herz brennt" (vgl. Lukas-Evangelium 24,32).
Das „Wort für mich" kann ich mitnehmen in den Alltag, damit leben und darauf achten, was es mit mir macht.

Zeit zum Verweilen und Nachdenken

- *Was war mir besonders wichtig – was will ich mir bewahren?*

Anregungen für das Gebet

Gibt es bestimmte Worte der Heiligen Schrift, die mir besonders wichtig sind? Ich rufe mir einige von ihnen in Erinnerung und meditiere sie. Vielleicht sprechen sie jetzt neu zu mir.

Impuls für den Tag

Finde ich ein Bibelwort, das mich durch diesen Tag begleiten könnte?

- *Habe ich eine eigene Idee für diesen Tag?*

4. WOCHE – 5. TAG
WAS UNS VERBINDET

Einstimmende Übung zur Sammlung: siehe S. 11-13

Zur Besinnung

Gemeinsamer Glaube

„Sýmbolon" nannte man in den ersten Jahrhunderten das christliche Glaubensbekenntnis – wörtlich: „Erkennungszeichen".[14)] Vielerlei Kulte und religiöse Strömungen gab es im späten Römischen Reich, dazu unterschiedliche Richtungen unter den Christen selbst, bis hin zu „Irrlehren". Als Bruder/ Schwester im Glauben galt daher, wer dasselbe Glaubensbekenntnis hatte. Das „apostolische Credo" verbindet bis heute die Christenheit. Es ist allen großen Konfessionen gemeinsam. Hier ging die Einheit niemals verloren!

Der dreieinige Gott

> *Die Gnade Jesu Christi, des Herrn, die Liebe Gottes und die Gemeinschaft des Heiligen Geistes sei mit euch allen!*
>
> 2. Korintherbrief 13,13

Charakteristisch für den christlichen Glauben ist das Bekenntnis zum „dreieinigen" Gott. Entsprechend gliedert sich das „Credo" in drei „Artikel". Unser Gottesbild unterscheidet sich hier von dem aller anderen Religionen.[15)] Sein Grund liegt in der Weise, wie Gott sich im Laufe der Offenbarung zu erkennen gibt: Er zeigt gleichsam drei „Gesichter", bleibt aber der *eine* Gott.

Der Vater

In der Zeit des Alten Bundes offenbart sich Gott als Schöpfer der Welt und „Vater" des Volkes Israel. Er ist „transzendent", also von seiner Schöpfung grundverschieden, nicht nur deren Tiefendimension oder schöpferische Ur-Energie. Der „Vater" ist der Ursprung aller Ursprünge, ewig und allmächtig. Doch er wendet sich uns Menschen zu, spricht zu seinem Volk, und geht mit ihm einen Weg durch die Geschichte.

Der Sohn

Ein neues Gesicht zeigt Gott in *Jesus*. Seine ersten Anhänger, allesamt Juden, hätten niemals einen Menschen als Gott verehrt. Die Gegenwart Gottes in Jesus muss für sie so stark und unübersehbar zu erfahren gewesen sein, dass sie nicht anders konnten, als ihn den „Sohn Gottes" zu nennen. Wer ihm

begegnet, begegnet Gott – und begegnet ihm menschlich nahe. Sein neues Gesicht offenbart Gott vor allem in Jesu Tod und Auferstehung: Gott ist *Liebe*, die sich verschenkt, ja opfert bis zum Äußersten – und bleibt doch Gott, Herr und Sieger über alle Mächte des Bösen und der Zerstörung.
Das „Credo“ betont, dass Jesus, „der Sohn“, dem Vater wesensgleich ist – Gott selbst ist in ihm Mensch geworden. Dann *erzählt* es: von seiner Geburt, vom Leiden und Sterben, von der Auferstehung und Erhöhung bis zur Wiederkunft.

Der Heilige Geist
Der erhöhte Herr Jesus bleibt uns nahe. Eine neue Erfahrung, ein drittes „Gesicht“ Gottes offenbart sich: Im „Heiligen Geist“ lebt und wirkt Gott in der kirchlichen Gemeinschaft und in jedem einzelnen Gläubigen. Er eint die Kirche, lässt uns als Erlöste leben, und nährt die Hoffnung auf Vollendung.

Gott ist Gemeinschaft

„In drei Personen ein Einziger“ – das geht an die Grenze dessen, was wir denken können. Gottes inneres Wesen sprengt menschliches Begreifen. Eines aber versteht jeder: In Gott gibt es *Gemeinschaft*, Liebe, ein Kreisen des Lebens! Die drei Personen sind unterscheidbar, doch wieder ganz eins in wechselseitiger Hingabe. Eine Form von Gemeinschaft, wie wir Menschen sie so total nicht kennen – doch sie ruft uns auf, in der Liebe, die in Gott lebt und uns geschenkt wird, miteinander einig zu werden!

Zeit zum Verweilen und Nachdenken

➢ *Was war mir besonders wichtig – was will ich mir bewahren?*

Anregungen für das Gebet

Ich bete an...

- Gott, den Vater und Schöpfer: Er gibt mir Dasein und Leben.
- Jesus, Gottes Sohn: Er ist mir menschlich nahe, ist mir Bruder und Freund, Meister und Erlöser.
- Gott, den Heiligen Geist: Kraft des neuen Lebens in mir; Quelle vieler Gaben; göttliche Liebe, die uns zur Einheit verbindet.

Impuls für den Tag

„Im Namen des Vaters und des Sohnes und des Heiligen Geistes“: Das *Kreuzzeichen* erinnert mich an den dreieinigen Gott.

➢ *Habe ich eine eigene Idee für diesen Tag?*

4. WOCHE – 6. TAG
WACHE ÜBER DIE WELT

Einstimmende Übung zur Sammlung: ***siehe S. 11-13***

Zur Besinnung

Beharrlich im Gebet

> *Lasst nicht nach in eurem Eifer, lasst euch vom Geist entflammen und dient dem Herrn! Seid fröhlich in der Hoffnung, geduldig in der Bedrängnis, beharrlich im Gebet!*
>
> Römerbrief 12,11-12

Inspiriert von diesem Bibelwort fanden sich seit 1982 Christen in der Leipziger Nikolai-Kirche zusammen, um für den Frieden zu beten. Jahrelang kaum beachtet, kam 1989 die geschichtliche Stunde: Aus dem Friedensgebet gingen die „Montagsdemonstrationen" hervor, die schließlich zum Fall der Berliner Mauer führten. Das „beharrliche Gebet" hatte Früchte getragen.
Die Leipziger Friedensgebete finden noch heute statt. Auch nach der deutschen Einigung gehen ihnen die Anliegen nicht aus...

Enttäuschungen und Wunder

Wenn Jesus über das Bittgebet spricht, fällt seine Mahnung zu Geduld und Beharrlichkeit ins Auge (vgl. Lukas-Evangelium 11,5-8; 18,1-8). Jeder Beter, vor allem wenn er sich öffentliche Anliegen zu eigen macht, erfährt dies: Manchmal ereignet sich die Erhörung rasch und erscheint wie ein Wunder. Dann wieder betet man Jahre lang, ohne dass etwas geschieht. Läuft das Gebet ins Leere?
Seien wir gewiss: *Jedes* Gebet kommt bei Gott an, auch wenn es (zunächst) scheinbar nicht erhört wird! Es braucht eben Geduld: bis die richtige Stunde gekommen ist... bis die Voraussetzungen in den Herzen der Menschen (Friedenswille, Bereitschaft zur Umkehr...) gewachsen sind... Die Kräfte des Bösen sind Realität in dieser Welt, und Gott nimmt Menschen die Freiheit, die er ihnen gegeben hat, nicht wieder weg, auch wo sie sie missbrauchen.
Manches Gebet beantwortet Gott anders, als wir erwarten. Wir denken: so und so wäre es gut. Doch Gott hat den größeren Überblick. Im Nachhinein begreifen wir vielleicht, welchen Sinn seine Pläne hatten.

Immer bleiben auch ungelöste Fragen. Sie können den Glauben anfechten. Damit werden wir leben müssen. Da mögen uns Ereignisse wie der Fall des Eisernen Vorhangs ermutigen: Dass möglich wurde, was niemand zu hoffen gewagt hatte, dass es zudem ohne Blutvergießen geschah – wie ein Wunder war es, und ist gewiss in hohem Maße *erbetet* worden!

„Gebet der Gläubigen“

So heißen offiziell die „Fürbitten“ in der Eucharistiefeier (*„oratio fidelium“* oder *„oratio universalis“*). Obwohl man es im Gemeindegottesdienst selten findet, ist es angemessen, wenn hier die Gläubigen spontan eigene Gebete sprechen können. Dabei sollen außer den persönlichen Bitten und denen der Gemeinde immer auch die öffentlichen Anliegen zur Sprache kommen: das Gebet für die Kirche und ihre Verantwortlichen, für die Probleme der Welt, für die Regierenden, für alle die Not leiden... So hält die Kirche gleichsam „Gebets-Wache über die Welt“.
Sicherung des Friedens, Schutz der Umwelt, Überwindung von Wirtschaftskrisen, Wahrung der Menschenrechte, Entwicklung der Völker... – die Aufgaben sind uns wohl bewusst. Weniger klar erscheinen oft die Lösungen. Und doch muss man handeln, trotz aller Unsicherheiten, denn nichts zu tun wäre der schlimmste aller Fehler. Da ist es dringend nötig zu beten, dass Gottes Geist die Verantwortlichen erleuchtet und ihr Tun segnet – und dass er die Kräfte des Bösen in die Schranken weist. Machtstreben, hemmungslose Profitgier, kalte Berechnung, die über Leichen geht... – sie machen allzu oft jedes gut gemeinte Bemühen wieder zunichte. „Allein den Betern kann es noch gelingen, das Schwert ob unsern Häuptern aufzuhalten!“ Muss man dem Dichter *Reinhold Schneider* darin nicht Recht geben?

Zeit zum Verweilen und Nachdenken

- *Was war mir besonders wichtig – was will ich mir bewahren?*

Anregungen für das Gebet

In meinem persönlichen Gebet kann ich diejenigen Nöte und Anliegen der Welt, die mir jetzt besonders am Herzen liegen, vor Gott zur Sprache bringen.

Impuls für den Tag

Denke ich daran, mein Tun im Gebet vorzubereiten, und um Gottes Wegweisung und Begleitung zu bitten?

- *Habe ich eine eigene Idee für diesen Tag?*

4. Woche – 7. Tag
Rückblick auf die Woche

Einstimmende Übung zur Sammlung: siehe S. 11-13

Ich rufe mir die Leitgedanken der Besinnungen in Erinnerung:

1. Tag: *„Wir versammeln uns zu dir, o großer Gott."*
   Gemeinschaft und Danksagung.
2. Tag: *Vergebung und Heilung.* Der Bußakt in der Eucharistiefeier.
3. Tag: *Zu Gottes Ehre geschaffen.* Kyrie-Ruf und Lobpreis (Gloria).
4. Tag: *Hörer des Wortes.* Die Kunst des Hörens und das Wort Gottes.
5. Tag: *Was uns verbindet.* Das Glaubensbekenntnis.
6. Tag: *Wache über die Welt.* Die Fürbitten.

Ich denke nach:

- ➢ Was hat mich besonders angesprochen oder berührt?
- ➢ Ist mir eine besondere Erfahrung zuteil geworden?
- ➢ Hat sich etwas in meinem Leben verändert?
- ➢ Zu welchen Vollzügen in der Heiligen Messe habe ich einen besseren Zugang finden können?
- ➢ Was möchte ich mir bewahren?

Zeit zum Verweilen und Nachdenken

Anregungen für das Gebet

- Ich *danke* Gott für gute Erfahrungen, neue Einsichten, inneres Wachstum, positive Veränderungen in meinem Verhalten...
- Ich *übergebe* Gott alles, was unbefriedigend verlaufen ist. Im Vertrauen auf seine Vergebung darf ich es loslassen.
- Ich *bitte* Gott um Segen für alles, was ich mir vorgenommen habe.
  Ich bete um Vertiefung und Erneuerung des gottesdienstlichen Lebens in meiner Gemeinde, besonders um mehr Leben aus dem Wort Gottes.
- Vielleicht will ich noch in weiteren persönlichen Anliegen beten.

Impuls für den Tag

Was war das Wichtigste, das ich in dieser Woche für meine praktische Lebensgestaltung entdeckt habe? Das vertiefe ich heute noch einmal.

5. WOCHE:

AM TISCH DES BROTES

Einstimmende Schriftworte

Die nun, die sein Wort annahmen, ließen sich taufen. An diesem Tag wurden (ihrer Gemeinschaft) etwa dreitausend Menschen hinzugefügt. Sie hielten an der Lehre der Apostel fest und an der Gemeinschaft, am Brechen des Brotes und an den Gebeten. Alle wurden von Furcht ergriffen; denn durch die Apostel geschahen viele Wunder und Zeichen. Und alle, die gläubig geworden waren, bildeten eine Gemeinschaft und hatten alles gemeinsam. Sie verkauften Hab und Gut und gaben davon allen, jedem so viel, wie er nötig hatte. Tag für Tag verharrten sie einmütig im Tempel, brachen in ihren Häusern das Brot und hielten miteinander Mahl in Freude und Einfachheit des Herzens. Sie lobten Gott und waren beim ganzen Volk beliebt. Und der Herr fügte täglich ihrer Gemeinschaft die hinzu, die gerettet werden sollten.

Apostelgeschichte 2,41-47

Als er mit ihnen bei Tisch war, nahm er das Brot, sprach den Lobpreis, brach das Brot und gab es ihnen. Da gingen ihnen die Augen auf, und sie erkannten ihn; dann sahen sie ihn nicht mehr. Und sie sagten zueinander: Brannte uns nicht das Herz in der Brust, als er unterwegs mit uns redete und uns den Sinn der Schrift erschloss? Noch in derselben Stunde brachen sie auf und kehrten nach Jerusalem zurück, und sie fanden die Elf und die anderen Jünger versammelt. Diese sagten: Der Herr ist wirklich auferstanden und ist dem Simon erschienen. Da erzählten auch sie, was sie unterwegs erlebt und wie sie ihn erkannt hatten, als er das Brot brach.

Lukas-Evangelium 24,30-35

5. Woche – 1. Tag
Brot des Lebens

Einstimmende Übung zur Sammlung: siehe S. 11-13

- Zu dieser Besinnung kann man ein Stück Brot bereitlegen und verzehren.

Zur Besinnung

„Unser tägliches Brot gib uns heute!“

Kaum eine Bitte liegt uns so nahe wie diese. Wir alle leben vom Brot; es ist eines unserer Grundnahrungsmittel. Mit ihm geht ein Stück alltäglichen Lebens in die Eucharistiefeier ein.
Brot hat einen langen Weg hinter sich, bis es auf meinen Tisch gelangt. Ich kann ihn mir jetzt vorstellen: wie der Landwirt sein Feld pflügt und einsät, wie das Getreide wächst und reift, die Ernte; dann wird das Korn gedroschen und gemahlen, schließlich zu Brot gebacken. Viele Menschen tragen dazu bei, dass ich mein tägliches Brot essen kann. So spricht es von *Gemeinschaft:* davon, dass wir Menschen aufeinander angewiesen sind.
Brot trägt den kernigen Geruch der Erde an sich. Es schmeckt nach Mühe und Arbeit. Eigentlich kann niemand Brot „machen“: Das Korn wächst aus den Kräften der Natur. Wir empfangen es als Gabe des Schöpfers. *„Gepriesen bist du, Herr unser Gott, Schöpfer der Welt. Du schenkst uns das Brot, die Frucht der Erde und der menschlichen Arbeit!“* So lautet ein altes jüdisches Dankgebet. Es wurde zum Darbringungsgebet bei der Gabenbereitung. Die Liturgie fügt hinzu: *„Wir bringen dieses Brot vor dein Angesicht, damit es uns das Brot des Lebens werde.“*

Leben aus Hingabe

Wenn ich Brot esse, verarbeitet es mein Körper und gewinnt daraus die Energie zum Leben. Indem das Brot sich verzehren lässt, nährt es mich und spendet mir Leben. Ist dies nicht wie ein Gleichnis für alles menschliche Zusammenleben? Wir brauchen einander. Wir müssen uns aneinander verschenken, uns manchmal regelrecht „verzehren“ lassen, indem wir füreinander da sind. Dadurch geben wir einander Leben. Wo hingegen Menschen an sich festhalten oder gar gegeneinander kämpfen, entreißen sie einander das Leben.

Ein Mensch wie das Brot

> *Ich bin das Brot des Lebens; wer zu mir kommt, wird nie mehr hungern, und wer an mich glaubt, wird nie mehr Durst haben. ... Wer von diesem Brot isst, wird in Ewigkeit leben.*
>
> Johannes-Evangelium 6,35.51

Gewiss nicht zufällig hat Jesus bei seinem letzten Abendmahl das Brot zum Zeichen seiner Hingabe gewählt. Er war „ein Mensch wie das Brot". Sein ganzes Leben lang *verschenkte* er sich: seine Zeit, seine Kraft, seine Liebe. Das Wörtchen „für" ist das „Hauptwort" seines Lebens. *„Für euch und für viele":* Am Ende verschenkt er sein Leben. Seine Hingabe in den Tod am Kreuz stiftet Versöhnung, schafft den Durchbruch durch die undurchdringliche Mauer des Todes, erwirkt uns den Zugang zum ewigen Leben.

Das Brot, das ich esse, *spricht* zu mir: Teile mich mit anderen – so wächst Gemeinschaft und Friede unter den Menschen! Das Brot der Eucharistie sagt noch mehr: Werde selbst ein Mensch wie das Brot! *Verschenke* dich an andere, lass ihre Not an dich heran! Kreise nicht länger um dich selbst, sondern lebe – wie Jesus – *für* deine Mitmenschen! Darin liegt das Geheimnis des Lebens, ja des Glückes!

„Wer dies Geheimnis feiert, soll selber sein wie Brot;
so lässt er sich verzehren von aller Menschennot.
  Als Brot für viele Menschen hat uns der Herr erwählt;
  Wir leben füreinander, und nur die Liebe zählt.
Geheimnis des Glaubens: Im Tod ist das Leben." [16)]

Zeit zum Verweilen und Nachdenken

- *Was war mir besonders wichtig – was will ich mir bewahren?*

Anregungen für das Gebet

Ich danke
... für die Güte des Schöpfers, aus dessen Hand ich das Brot empfange;
... für die Mühe und Arbeit meiner Mitmenschen;
... für den Frieden, in dem wir gemeinsam unser Brot essen dürfen.

Impuls für den Tag

Mein „tägliches Brot" esse ich aufmerksam – und lasse es zu mir sprechen.

- *Habe ich eine eigene Idee für diesen Tag?*

5. Woche – 2. Tag
Kelch des Heiles

Einstimmende Übung zur Sammlung: ***siehe S. 11-13***

Zur Besinnung

„Wein, der das Herz des Menschen erfreut“ [17]

Die zweite der eucharistischen Gaben, der Wein, ist nicht so alltäglich wie das Brot. Wir trinken ihn eher zu besonderen Anlässen. So verbindet er sich mit Festlichkeit und Lebensfreude. Wein zu trinken macht fröhlich und aufgeschlossen; Menschen begegnen sich leichter. Doch fordert der Wein auch heraus, das rechte Maß einzuhalten und sich nicht zu betrinken.
Auch der Wein hat einen langen Weg hinter sich. Ich kann ihn mir vorstellen: Weinberge im Sonnenlicht; die Arbeit des Winzers, der das ganze Jahr über seine Reben pflegen muss; die reifenden Trauben, schließlich die Freude bei der Ernte. Noch ist der Wein nicht fertig: Langsam muss er gären und reifen, bis man ihn genießen kann. Ein wenig ähnelt er darin dem Menschen: Er entwickelt sich, ist jung anders als alt, gelangt erst allmählich zur Fülle.
„Gepriesen bist du, Herr unser Gott, Schöpfer der Welt. Du schenkst uns den Wein, die Frucht des Weinstocks und der menschlichen Arbeit. Wir bringen diesen Kelch vor dein Angesicht, damit er uns der Kelch des Heiles werde“ (Darbringungsgebet zum Kelch mit Wein, nach einem alten jüdischen Gebet).

Schicksalsgemeinschaft

Roter Wein hat die Farbe des Blutes. Er lässt an Liebe und Leidenschaft, doch auch an Tod und tragisches Schicksal denken. Der Weinkelch kann den „Kelch des Leidens“ symbolisieren. So spricht der Wein vom Doppelgesicht des menschlichen Lebens: von Freude, Leidenschaft und Leid, von den festlichen Höhepunkten ebenso wie von Gewalt und Zerstörung – und davon, wie Freude und Leid unlösbar miteinander verknüpft sind.
Wer mit jemandem den Kelch teilt, schließt mehr als „Trinkbrüderschaft“ mit ihm. Zu den Hochzeitsbräuchen mancher Völker gehört es, dass die Brautleute gemeinsam aus einem Kelch trinken. Damit drücken sie aus, dass ihrer beider Schicksal jetzt eines geworden ist. Sie sagen zueinander: Ich will dein Schicksal teilen in Licht und Dunkel, in Glück und Schmerz, in Leben und Tod!

Bündnis gegen den Tod

> *Dann nahm er den Kelch, sprach das Dankgebet und reichte ihn den Jüngern mit den Worten: Trinkt alle daraus; das ist mein Blut, das Blut des Bundes, das für viele vergossen wird zur Vergebung der Sünden.* Matthäus-Evangelium 26,27-28

Blut hatte im alten Israel oft eine dem Weihwasser vergleichbare Bedeutung: Durch Besprengen mit Blut weihte und „entsühnte“ man Gegenstände für den religiösen Gebrauch (vgl. Hebräerbrief 9,18-22). Mit dem Blut eines Opfertieres erneuerte der Hohepriester am Versöhnungstag den Bund mit Gott, was die Vergebung der Sünden einschloss (vgl. Leviticus 16,12-19). Vom „Blut des Bundes“ spricht Mose beim Bundesschluss am Sinai (Exodus 24,4-8).

Indem Jesus im Sterben sein Blut vergießt, besiegelt er einen neuen und ewigen Bund. Er opfert sein Leben, um die Menschheit mit Gott zu versöhnen und den Tod zu besiegen. Dieser „Neue Bund“ ist Gottes „Bündnis gegen den Tod“ mit uns Menschen: Er verbündet sich mit uns gegen alles, was den Tod bringt, gegen Hass und Gewalt, gegen Zerstörung und Verzweiflung – und gegen deren tiefste Wurzel: das Böse, die Sünde, die Abkehr von Gott.

In jeder Eucharistiefeier werde ich selbst neu einbezogen in diesen Bund gegen den Tod! Der „Kelch des Segens“, Christi Blut, macht mich zum Schicksalsgefährten von Jesus. Ich werde seinen Weg mitgehen müssen, auch bis in Leiden und Tod hinein. Doch durch den Tod hindurch führt er zum Leben, ja zu einem ewigen Leben, wo alles Böse und alle Zerstörung besiegt sind. Schon jetzt darf diese Siegesgewissheit in mir lebendig sein. Denn Gott verbündet sich in Jesus mit uns auf Leben und Tod – durch Tod zum Leben!

Zeit zum Verweilen und Nachdenken

➢ *Was war mir besonders wichtig – was will ich mir bewahren?*

Anregungen für das Gebet

- Noch einmal danke ich Gott für die „Früchte der Erde“ und für alle Freude am Leben.
- Ich danke Jesus für seine Lebenshingabe, und erneuere meine Teilhabe am Neuen Bund, an der Gemeinschaft mit ihm „auf Tod und Leben“.

Impuls für den Tag

Gegen alle Bedrohtheit des Lebens darf ich meinen Glauben an den Sieg Jesu über den Tod setzen.

➢ *Habe ich eine eigene Idee für diesen Tag?*

5. Woche – 3. Tag
Weg der Wandlung

Einstimmende Übung zur Sammlung: siehe S. 11-13

Zur Besinnung

„Ich bin die Speise der Starken; wachse, und du wirst mich genießen. Aber du wirst mich nicht in dich verwandeln wie die leibliche Speise, sondern du wirst in mich umgewandelt werden!“ Wie eine innere Stimme hört *Augustinus* diese Worte bei seiner Suche nach Gott.[18)]
Brot und Wein bringen wir zum Altar, damit sie gewandelt werden in Jesu Leib und Blut. Die eigentliche Gabe aber sind wir selbst: *Wir* können „gewandelt“, im Innersten erneuert werden durch die Kraft der eucharistischen Speise.

Auf dem Weg zur Weisheit

> *Was nützt es einem Menschen, wenn er die ganze Welt gewinnt, dabei aber sich selbst verliert und Schaden nimmt?*
>
> Lukas-Evangelium 9,25

Geistliche Wege sind stets „Wege der Wandlung“: Der Mensch soll wachsen und reifen, soll zu sich selbst finden und sein wahres Wesen entfalten. Solche Ziele faszinieren – doch fordern sie enorm: Ich muss radikal ehrlich mit mir selbst werden, den falschen Stolz und die Selbsttäuschungen ablegen. Ich muss mich dem Leben und den Mitmenschen ohne Abwehr öffnen, mich berührbar, ja verletzbar machen. Ich muss frei werden vom eigenen „Ego“, das nur sich selber kennt, das an Erfolg und Anerkennung hängt, das um die Zuneigung der Mitmenschen buhlt, gern im Mittelpunkt steht und schnell beleidigt ist. Ich muss mich lösen von allen Abhängigkeiten und falschen Anhänglichkeiten, von Rechthaberei und Eifersucht. Ich muss innere Veränderung *wagen*. Das macht vielen Leuten Angst; sie bleiben lieber, wie sie sind.
Reife Menschen, die einen „Weg der Wandlung“ durchschritten haben, erleben wir als *weise*. Sie strahlen innere Freiheit und Stärke, Gelassenheit, Vertrauen und umfassende Liebe aus. Manche werden von den Erfahrungen ihres Lebens dazu geformt. Gerade Leiden und ein schweres Schicksal, angenommen und verarbeitet, können inneres Wachstum fördern. Andere indes verbittern dadurch und verschließen sich.

„In die Wandlung eingehen“

Allein *Liebe* öffnet das Menschenherz. In der Eucharistiefeier begegne ich der größten Liebe: *Jesus* steht mit Tod und Leben für mich ein; er verschenkt sich an mich. Ich lasse seine Liebe auf mich wirken. Bevorzugte Augenblicke dafür sind Hochgebet und Wandlung, sowie die Gebetsstille nach dem Kommunionempfang. *Jesus wandelt mich.* Nicht ich muss es leisten. Vielleicht spüre ich, wie er all die Verhärtung, Abwehr und Verbitterung aufbricht und die inneren Kräfte neu zum Fließen bringt.
Brauche ich jetzt noch mein „Ego“ zu pflegen? Muss ich noch Angst haben um mich, um mein Ansehen, um meine Position oder Autorität? Ich bin Gottes Kind – eine höhere Würde gibt es nicht. Muss ich noch mich selbst behaupten und gegen andere kämpfen; muss ich mich noch gegen sie absichern? Jesus lebt in mir – so bin ich frei von mir selbst, kann offen und liebevoll sein, ohne Angst, verletzt oder enttäuscht zu werden. Ich kann mich loslassen, mich verschenken, ja mich vergessen in der Hinwendung zu den Mitmenschen.
Auch was mir weh tut, vertraue ich Jesus an. Jetzt feiern wir seinen *Tod;* so weiß ich: Er trägt all meinen Schmerz, meine Trauer, meine Enttäuschung, meine Angst vor dem Sterben mit – und verwandelt sie. Statt zu verbittern, wachse und reife ich daran. Ich erfahre die Auferstehung zu einem erneuerten Menschsein.

Zeit zum Verweilen und Nachdenken

- *Was war mir besonders wichtig – was will ich mir bewahren?*

Anregungen für das Gebet

Auch jetzt kann ich in der Stille die liebende Nähe von Jesus auf mich einwirken lassen. Wachstum und Reifung muss ich nicht „machen“ – nur *überlassen* muss ich mich, damit er mich „wandeln“ kann.

Impuls für den Tag

Situationen des Lebens, gerade die schwierigen, können Herausforderung und Chance zu innerem Wandel sein. Gelingt es mir, ab und zu *anders* zu reagieren als üblich: mit mehr „Weisheit“?

- *Habe ich eine eigene Idee für diesen Tag?*

5. Woche – 4. Tag
„Dein Reich komme!“

Einstimmende Übung zur Sammlung: siehe S. 11-13

Zur Besinnung

Ein provozierendes Gebet

> *Dein Name werde geheiligt. Dein Reich komme. Dein Wille geschehe, wie im Himmel, so auf der Erde.*
>
> Matthäus-Evangelium 6,9-10

Mit dem „Gebet des Herrn“ richtet sich unser Blick auf die Begegnung mit Jesus im Kommunion-Empfang. Es ist gleichsam das „eucharistische Tischgebet“.

Das „Vaterunser“ ist das einzige längere Gebet, das Jesus selbst gelehrt hat. Man darf annehmen, dass es die Anliegen anspricht, die ihm besonders am Herzen liegen. Allzu vertraut ist es uns vielleicht. So merken wir kaum noch, wie seltsam es aufgebaut ist: Ein Bittgebet offensichtlich; sieben einzelne Bitten unterscheidet man. An Anfang jedoch steht nicht das, was uns Menschen gewöhnlich auf den Nägeln brennt: die Bitte ums tägliche Brot, um Gottes Vergebung, um Versöhnung und Frieden mit den Mitmenschen, um Bewahrung vor den Angriffen des Bösen. Es beginnt vielmehr mit Bitten, die die Frage provozieren: Sind das denn nicht eher *Gottes* Angelegenheiten?

Dass Gottes Name „geheiligt“, also geachtet, und Gott als Gott ernst genommen wird... dass seine Herrschaft sich in dieser Welt durchsetzt, indem Menschen auf Gottes Willen hören und ihm folgen... Tatsächlich liegt hier der Kern der Botschaft Jesu und seines Rufes zur Umkehr! Er leitet uns an, wegzublicken von uns selbst, und uns Gottes große Ziele zu eigen zu machen: Hört auf, ängstlich um eure eigenen Sorgen und Bedürfnisse zu kreisen. Richtet euren Blick auf Gott. Öffnet euch dafür, dass sein Reich zu euch kommen kann. Macht euch bereit, selbst das Nötige dafür zu tun!

Gott Raum geben

Indem ich so bete, wecke ich in mir eine leidenschaftliche Sehnsucht: dass diese Welt aus ihrem Elend befreit werden möge, dass Neues wächst, dass „Heil“ geschieht. Jedoch setze ich meine Hoffnungen nicht auf menschliches Machen und Planen, sondern auf Gott. Ihm gebe ich Raum in meinem Leben.

Oft meinen wir, vergeblich zu beten; Gott scheint uns nicht zu erhören. Könnte es sein, dass – ganz im Gegenteil – *wir Gott* nicht „erhören", also zu wenig nach ihm und seinen Zielen fragen? Vielleicht kreise ich – im Gebet ebenso wie sonst im Leben – viel zu sehr um mich selber, um meine eigenen Nöte, Wünsche und Ziele. Für Gott bleibt kaum Platz. Das „Vaterunser" bricht diese Verschlossenheit auf. Sobald ich Gott Raum gebe, mein Leben mehr auf ihn ausrichte, nach seinem Willen, seinem Ruf an mich frage, erfahre ich auch mehr von seinem Wirken. Es mag ja sein, dass die mehr menschlichen Bitten im zweiten Teil des „Vaterunser" sich erst dann so richtig erfüllen können...

Weite Horizonte

Das „Vaterunser" stimmt ein auf die Begegnung mit Jesus im eucharistischen Mahl. Während ich es bete, vollziehe ich eine Umkehrung meines Blickwinkels: Ich schaue weg von mir und hin zu ihm. Ich öffne ihm mein Herz. Ich mache mich bereit, ihn in meinem Leben wirken und „regieren" zu lassen.
So weitet sich mein Horizont. Gottes große Perspektiven gelangen in den Blick: die Erneuerung der Welt (auch meines eigenen Lebens) durch seinen Geist. Ich lerne, mit „größerem Atem", mit Hoffnungen und Offenheit für Gottes Wirken zu leben.

„Welche Wunder hat euer Meister vollbracht?", fragt der Gast. Ein Schüler antwortet: „Viele halten es für ein Wunder, wenn Gott den Willen eines Menschen erfüllt. Wir halten es für ein Wunder, wenn ein Mensch den Willen Gottes erfüllt. Solche Wunder tut unser Meister!" [19)]

Zeit zum Verweilen und Nachdenken

- *Was war mir besonders wichtig – was will ich mir bewahren?*

Anregungen für das Gebet

Ich bete das „Vaterunser" und spüre dabei der darin enthaltenen „Umkehrung des Blickwinkels" nach.
Sehe ich dadurch manches in meinem Leben in einem neuen Licht? Ich bitte um den Mut zu entsprechenden Veränderungen.

Impuls für den Tag

Ich suche aufmerksam zu werden für das Geschenk, die Chance und die Aufgabe jeder Situation. Hierin erreicht mich der „Wille Gottes"!

- *Habe ich eine eigene Idee für diesen Tag?*

5. WOCHE – 5. TAG
VON HERZ ZU HERZ

Einstimmende Übung zur Sammlung: siehe S. 11-13

Zur Besinnung

Vertraute Zwiesprache

Noch heute bin ich dem Heimatpfarrer meiner Kindheit dankbar. Im Erstkommunion-Unterricht gab er uns nämlich eine praktische und kindgemäße Anleitung, wie wir nach dem Kommunionempfang mit Jesus sprechen können. Dies war meine erste Einführung ins freie und persönliche Beten.

Jesus ist da. Er ist meine Speise geworden, ist in mein Innerstes eingekehrt. Ich trage ihn im Herzen.
Jetzt kann ich mit ihm sprechen wie mit dem vertrautesten Freund. Er versteht meine Nöte, meine Sorgen, meine Anliegen; auch meine Zweifel, meine Verwirrung, meine Angst, meinen Ärger... Nichts muss „außen vor bleiben". In dieser „intimen" Zwiesprache mit Jesus kann ich Frieden und innere Heilung finden, werde beschenkt und aufgerichtet.

Stille Versenkung

> *Alle Welt schweige in der Gegenwart des Herrn. Denn er tritt hervor aus seiner heiligen Wohnung.*
>
> Sacharja 2,17

Tiefer noch wird die Begegnung mit Jesus, wenn ich still bin und einfach seine Gegenwart auf mich wirken lasse. Ich „setze mich ihm aus".[20)] Viele Worte braucht es da nicht mehr. Ich nehme die „Haltung der leeren Hände" ein: Jetzt bin ich dem unendlich Größeren ganz nahe. Ich weiß, dass ich vor ihm wenig mehr als ein Nichts bin – meine Hände sind leer. Und doch neigt er sich mir zu, berührt mein Innerstes, beschenkt mich ohne Maß – die leeren Hände dürfen *empfangen*.
Meine anfänglichen Gebetsanliegen mögen jetzt in den Hintergrund treten. Die schönste Gabe ist Jesus selbst, seine wirkende Gegenwart, seine Liebe. In der Stille erfahre ich, wie er mich wandelt und mit Liebe erfüllt. Ich bin zur Quelle gelangt.

Anbetung

So *bete ich ihn an.* Diese Haltung gebührt Gott allein, niemandem sonst. Damit erkenne ich an, dass ich selbst nur Geschöpf bin. Ich achte Gott als jenes Geheimnis, aus dem alles Sein und Leben entspringt.
Überheblich erklärt das moderne Denken oft den Menschen zum höchsten Wesen, das niemanden mehr über sich dulden will. Paradoxerweise beleidigt es zugleich seine Würde, wenn der Mensch nicht mehr sein soll als ein „nackter Affe", Produkt der Evolution, Sklave seiner Instinkte oder seines Unbewussten... Indem ich Gott anbete, finde ich meinen Platz und mein Maß als Mensch: Demütig bin ich vor Gott. Doch er würdigt mich, sein Kind zu sein, und wendet mir in Liebe sein Angesicht zu. Das hebt mich weit über alles Irdische und nur Menschliche hinaus!

Machtlosigkeit und Liebe

Seltsam, dass wir Christen Gott unter Symbolen der *Machtlosigkeit* anbeten: das Kreuz, die Weihnachtskrippe, das Brot der Eucharistie... Gott selbst macht sich klein, um uns nahe zu kommen. Er erschlägt uns nicht mit seiner Majestät, denn er ist nicht Macht, sondern *Liebe.* Dennoch ist auch die Liebe eine Macht. Sie vermag, was kein Zwang vollbringt: Sie bewegt die Herzen von innen her, wahrt darin unsere Freiheit – und erfüllt sie zugleich! Dieser Macht der Liebe setze ich mich aus – in innerer Offenheit, von Herz zu Herz.

Zeit zum Verweilen und Nachdenken

- *Was war mir besonders wichtig – was will ich mir bewahren?*

Anregungen für das Gebet

Ich bete Jesus, Gottes Sohn, an: mit Worten der Verehrung und des Lobpreises, vielleicht sogar mit einem Lied – und mit der stillen Versenkung, der „Kontemplation".

Impuls für den Tag

Spüre ich zuweilen mitten im Alltag den Impuls, jetzt mit Jesus ins Gespräch zu kommen? Ich lasse mich zum (wenigstens kurzen) Gebet rufen.

- *Habe ich eine eigene Idee für diesen Tag?*

5. Woche – 6. Tag
Gesegnet und gesandt

Einstimmende Übung zur Sammlung: siehe S. 11-13

Zur Besinnung

„Gott segne dich!"

Wie oft wünschen wir das einander – und verbinden damit Hoffnungen auf Schutz vor Unheil, auf Glück und Erfolg, auf ein gutes Leben!
Das lateinische *„benedícere"* für „segnen" bedeutet „Gutes zusprechen". Ein Segen ist ein „frommer Wunsch" im besten Sinne des Wortes: Wunsch und zugleich Bitte an Gott, dass er sich einem Menschen zuwenden und ihm alles gewähren möge, was gut für ihn ist. Wenn ich für jemanden bete und ihn so vor Gott bringe, bin ich *Fürbittender;* wenn ich zugleich ihm die Nähe und Zuwendung Gottes zuspreche, *segne* ich ihn. Ich bringe ihn neu in die liebende Gegenwart Gottes.
Quelle des Segens ist immer Gott selbst. Von ihm geht alles Leben aus. Wenn ich um seinen Segen bitte (ob für mich oder für andere), weiß ich, dass ich mir das Leben und die Sinnerfüllung des Lebens nicht selbst zu geben mag, sondern sie nur erbitten und aus tieferen Quellen empfangen kann. Ich weiß, dass gelingendes Leben immer ein unverfügbares Geschenk bleibt. Ich lasse das eigene Machen und Beherrschen los und überlasse mich Gott. Von ihm her empfange ich weit mehr, als ich selbst mir aus eigener Kraft je verschaffen könnte: das Leben selbst, seine Tiefe, seine Ganzheit, seinen Sinn, sein „Heil".

Am Ende jeder Eucharistiefeier segnet der Priester die Gemeinde. Ein letztes Mal dürfen wir uns *beschenken* lassen. Wir empfangen jene geheimnisvolle Heils- und Lebenskraft, die wir „Segen" nennen, und die nur Gott, der Urgrund von allem, zu geben vermag. Mit ihr erfüllt gehen wir in unseren Alltag.

> *Der Herr segne dich und behüte dich. Der Herr lasse sein Angesicht über dich leuchten und sei dir gnädig. Der Herr wende sein Angesicht dir zu und schenke dir Heil.*
>
> Numeri 6,24-26

„Ite missa est!“

Vom Entlassungsgruß her bekam die „Messe“ ihren Namen. Sinngemäß könnte man ihn übersetzen: „Geht mit einer Sendung!“ [21)] In vielfältiger Weise hat uns die Feier der Eucharistie beschenkt. Jetzt werden wir ausgesandt, das Empfangene weiter zu schenken, es zu den Menschen und in die Gesellschaft hinein zu tragen. Wir tun dies, indem wir einfach das *sind*, wozu uns der Gottesdienst immer neu formt:

- Beschenkt mit Gottes Liebe und Vergebung, bin ich befähigt, selbst zu verzeihen und Frieden zu stiften.
- Gottes Wort hat mich erleuchtet. Ich trage eine Weisheit in mir, die sich in Situationen der Unterscheidung und Entscheidung bewährt.
- Das *„Pascha“*, der Weg mit Jesus durch den Tod zur Auferstehung, hat mich umgewandelt. Die Angst um mich selbst verliert ihre Macht. Ich kann mich verschenken, kann lieben und uneigennützig handeln.
- Ich habe Gottes heilende Kraft verspürt. Sie macht mich zu einem Menschen, von dem eine heilende und froh machende Ausstrahlung ausgeht.
- Ich habe Jesus empfangen. *„Nicht mehr ich lebe – Christus lebt in mir“* (vgl. Galaterbrief 2,20). Als befreiter und mit Jesus verbundener Mensch zu leben macht mich zu seinem Zeugen – allein schon durch das, was ich bin – für alle, denen ich begegne.
- Gemeinsam haben wir erfahren, wie Jesus uns zur Einheit verbindet. Diese Vision beflügelt mich, überall das Verbindende zu suchen, Einheit zu stiften und Gemeinschaft zu fördern.

Zeit zum Verweilen und Nachdenken

➢ *Was war mir besonders wichtig – was will ich mir bewahren?*

Anregungen für das Gebet

- Ich zeichne das Kreuz über mich und rufe Gottes Segen auf mich herab.
- Ich erbitte Kraft und Begeisterung, um Zeuge der Erlösung sein zu können.

Impuls für den Tag

Wer auch immer mir begegnet, soll gesegnet sein – durch mein Gebet und durch meine Liebe.

➢ *Habe ich eine eigene Idee für diesen Tag?*

5. Woche – 7. Tag
Rückblick auf die Woche

Einstimmende Übung zur Sammlung: siehe S. 11-13

Ich rufe mir die Leitgedanken der Besinnungen in Erinnerung:

1. Tag: *Brot des Lebens.* Die Symbolsprache des Brotes.
2. Tag: *Kelch des Heiles.* Die Symbolsprache von Wein und Kelch.
3. Tag: *Weg der Wandlung.* Sich von Jesus formen lassen.
4. Tag: *„Dein Reich komme!"* Gedanken zum „Vaterunser".
5. Tag: *Von Herz zu Herz.*
   Gebet und Anbetung nach dem Kommunionempfang.
6. Tag: *Gesegnet und gesandt.* Der Abschluss der Eucharistiefeier.

Ich denke nach:

- Was hat mich besonders angesprochen oder berührt?
- Ist mir eine besondere Erfahrung zuteil geworden?
- Hat sich etwas in meinem Leben verändert?
- Zu welchen Vollzügen in der Eucharistiefeier habe ich einen besseren Zugang finden können?
- Was möchte ich mir bewahren?

Zeit zum Verweilen und Nachdenken

Anregungen für das Gebet

- Ich *danke* Gott für gute Erfahrungen, neue Einsichten, inneres Wachstum, positive Veränderungen in meinem Verhalten...
- Ich *übergebe* Gott alles, was unbefriedigend verlaufen ist. Im Vertrauen auf seine Vergebung darf ich es loslassen.
- Ich *bitte* Gott um Segen für alles, was ich mir vorgenommen habe.
  Ich bete um Vertiefung und Erneuerung des gottesdienstlichen Lebens in meiner Heimatgemeinde, und besonders um eine persönlichere Beziehung zu Jesus für alle Gläubigen.
- Vielleicht will ich noch in weiteren persönlichen Anliegen beten.

Impuls für den Tag

Was war das Wichtigste, das ich in dieser Woche für meine praktische Lebensgestaltung entdeckt habe? Das vertiefe ich heute noch einmal.

KARWOCHE UND OSTERN

Einstimmende Schriftworte

Er war Gott gleich, hielt aber nicht daran fest, wie Gott zu sein, sondern entäußerte sich und wurde wie ein Sklave und den Menschen gleich. Sein Leben war das eines Menschen; er erniedrigte sich und war gehorsam bis zum Tod, bis zum Tod am Kreuz. Darum hat ihn Gott über alle erhöht und ihm den Namen verliehen, der größer ist als alle Namen, damit alle im Himmel, auf der Erde und unter der Erde ihre Knie beugen vor dem Namen Jesu, und jeder Mund bekennt: „Jesus Christus ist der Herr" – zur Ehre Gottes, des Vaters.

Philipperbrief 2,6-11

Am ersten Tag der Woche kam Maria von Magdala frühmorgens, als es noch dunkel war, zum Grab und sah, dass der Stein vom Grab weggenommen war. Da lief sie schnell zu Simon Petrus und dem Jünger, den Jesus liebte, und sagte zu ihnen: Man hat den Herrn aus dem Grab weggenommen, und wir wissen nicht, wohin man ihn gelegt hat.

Da gingen Petrus und der andere Jünger hinaus und kamen zum Grab; sie liefen beide zusammen dorthin, aber weil der andere Jünger schneller war als Petrus, kam er als Erster ans Grab. Er beugte sich vor und sah die Leinenbinden liegen, ging aber nicht hinein. Da kam auch Simon Petrus, der ihm gefolgt war, und ging in das Grab hinein. Er sah die Leinenbinden liegen und das Schweißtuch, das auf dem Kopf Jesu gelegen hatte; es lag aber nicht bei den Leinenbinden, sondern zusammengebunden daneben an einer besonderen Stelle. Da ging auch der andere Jünger, der zuerst an das Grab gekommen war, hinein; er sah und glaubte. Denn sie wussten noch nicht aus der Schrift, dass er von den Toten auferstehen musste.

Johannes-Evangelium 20,1-9

GRÜNDONNERSTAG
DER „NEUE BUND“

Einstimmende Übung zur Sammlung: ***siehe S. 11-13***

Zur Besinnung

Bindungen

Wovon lebt ein Mensch? Als soziale Wesen brauchen wir echte menschliche Beziehungen. Sie vor allem verleihen unserem Leben Sinn. Um wirklich tragfähig zu sein, müssen Beziehungen *verbindlich* sein: Es braucht gegenseitige Treue und Verlässlichkeit.

Um solche Beziehungen kann man sich bemühen. Dennoch bleiben sie immer ein *Geschenk:* Ein Mensch wendet sich mir zu, weil er mich liebt, weil ich persönlich für ihn wichtig geworden bin – und er für mich. Eine „Bindung des Herzens“ ist entstanden. So sprechen wir von einem „Freundschafts-“ oder „Ehe-*Bund“*.

In einer echten Beziehung fragt man nicht so sehr danach, wie viel einer für den andern Nützliches tut. Wichtiger ist, dass er *da ist*. Gerade in Notsituationen kann mein Partner mir vielleicht direkt wenig helfen – doch dass er da ist, dass er bei mir aushält und zu mir steht, das trägt mich. Ich muss die Lasten des Lebens nicht alleine tragen.

Verbindliche Beziehungen nehmen uns in Anspruch. Sie müssen gepflegt werden, und sie brauchen *Treue*. Erst dann wächst jenes Vertrauen, in dem ein Mensch sich geborgen und getragen fühlen kann.

Für viele liegt hier ein Problem: Kann ich mir meiner selbst sicher sein? Ich verändere mich ständig – werden sich nicht auch meine Beziehungen verändern? Kann ich *dauerhafte* Treue überhaupt garantieren? Bei manchen ist der Wunsch nach Unabhängigkeit stärker als die Bereitschaft, sich zu binden. Eine der Ursachen, warum so viele ihr Leben als leer und sinnlos empfinden?

Gottes Bindung an uns

> *Ebenso nahm er nach dem Mahl den Kelch und sprach: Dieser Kelch ist der neue Bund in meinem Blut.*
>
> 1. Korintherbrief 11,25a

„Bund“ ist ein Schlüsselwort in der Bibel. Das Volk Israel lebt aus dem Bund mit Gott, der durch Mose am Sinai geschlossen wurde. In Jesus begründet Gott einen „neuen Bund“. Starke Worte fallen da: „...der neue Bund *in mei-*

nem Blut" – es ist ein Bund auf Leben und Tod, besiegelt durch das Blut, das Jesus sterbend vergießt.
Gott bindet sich an uns... Erstaunlich – behandelt er uns damit doch als Partner und würdigt uns, mit ihm dieses „Bündnis" einzugehen! Es ist mehr als eine Art Vertrag mit Verpflichtungen. Gott sucht eine persönliche Beziehung zu uns. So wird der Gottesbund oft im Bild eines Ehebundes beschrieben (etwa in Hosea 2,18-22; Ezechiel 16,7-14). Der „Neue Bund" ist uns „ins Herz geschrieben" (vgl. Jeremia 31,33; Ezechiel 36,26-27). Gott verspricht uns seine Liebe und Nähe. *„Ich bin da für euch!"* Dieses Versprechen ist schon in der Bedeutung seines Namens *„Jahweh"* enthalten.[22)] So oft wir Menschen diesen Bund auch vergessen oder missachten – Gott steht dazu in unverbrüchlicher Treue.
Gottes Bundestreue gilt seinem Volk als Ganzem, doch ebenso jedem einzelnen Gläubigen. Habe ich selbst meinen Glauben, meine Beziehung zu Gott als tragend in meinem Leben erfahren – vielleicht gerade dann, wenn mich alle Menschen im Stich gelassen hatten? Und habe ich Gottes Treue als tragende Kraft für meine zwischenmenschlichen Beziehungen erfahren? Manche Ehe wurde schon dadurch aus der Krise gerettet, dass einer der Partner, im Idealfall beide gemeinsam sich neu Gott zuwandten. Wo Menschen sich ihrer Fähigkeit zu Bindung und Treue nicht sicher sind, ermutigt sie Gottes Treue, es dennoch zu wagen und alles dafür einzusetzen.
In der Feier zum Gründonnerstag lasse ich mich neu in den „Neuen Bund im Blut von Jesus" hineinnehmen. Auf wen könnte ich mich mehr verlassen als auf ihn, der mit seinem Leben dafür einsteht?

Zeit zum Verweilen und Nachdenken

- *Was war mir besonders wichtig – was will ich mir bewahren?*

Anregungen für das Gebet

- Ich danke für die Menschen, mit denen mich eine tiefe Beziehung verbindet, und bitte selbst um mehr Kraft zu Liebe und Treue.
- Ich sage neu „ja" zum „Neuen Bund": zu meinem Glauben an Jesus, zum Geschenk seiner Liebe und Nähe, zur Jüngerschaft.

Impuls für den Tag

Kann ich heute einem Mitmenschen ein Zeichen meiner Dankbarkeit dafür geben, dass er zu mir steht?

- *Habe ich eine eigene Idee für diesen Tag?*

KARFREITAG
„ER HAT SICH LEER GEMACHT“

Einstimmende Übung zur Sammlung: siehe S. 11-13

Zur Besinnung

Ein eigentümliches Kreuz zeigt die Gestalt von Jesus lediglich als Umriss, der aus dem Holz herausgesägt wurde – eigentlich nur ein Loch im Holz. Jesus ist hier gegenwärtig (so paradox es klingt), indem er *nicht* da ist: als Leere, als „Nichts“!

> *Er war Gott gleich, hielt aber nicht daran fest, wie Gott zu sein, sondern entäußerte sich und wurde wie ein Sklave und den Menschen gleich.*
>
> Philipperbrief 2,6-7

„Er entäußerte sich...“ Wörtlich übersetzt: „er hat sich leer gemacht“, hat sich zum Nichts gemacht – so wie besagtes Kreuz es darstellt.

Durch die Leere hindurch

Wir Menschen fürchten die Leere und das Nichts. Allein in völliger Dunkelheit geraten manche in Panik. Mehr noch fürchten wir das Dunkel und Nichts des Todes. Am meisten gewiss die Leere absoluter Sinnlosigkeit. Die wenigsten Menschen wagen es, sich auch nur dem Gedanken einmal auszusetzen: Was wäre, wenn alles sinnlos wäre, das Leben absurd, der Tod endgültig, keine Ewigkeit, keine Vollendung, kein Gott...?
Und doch hat Jesus nicht nur den Gedanken daran, sondern die *Erfahrung* solcher absoluten Leere, Sinnlosigkeit und Gottesferne durchlitten! *„Mein Gott, warum hast du mich verlassen?“* (Markus-Evangelium 15,34). Wenn *Gott* einen verlässt – was bleibt dann noch außer dem Nichts? Der Weg zur Erlösung geht offenbar nur durch Leiden, Tod, Verlassenheit und „Vernichtung“ hindurch.

Erfahrungen unseres Lebens

Es scheint dies ein völlig absurder und hoffnungsloser Weg zu sein. Trotzdem gibt es Erfahrungen unseres Lebens, die genau dies bestätigen:

Trauer und den Schmerz des Abschieds etwa muss man *durchleben*, um sie zu verarbeiten. Sie zu verdrängen oder zu betäuben hilft nichts; auch nicht,

die Trauer mit frommem Trost zuzudecken. Man muss sie durchleiden. Oft fühlt man sich hilflos der Niedergeschlagenheit ausgeliefert; da ist kein Lichtblick, nur Verzweiflung – bis aus geheimnisvollen Quellen in uns neues Vertrauen, neuer Lebensmut entspringt. Trauer wird so nicht verdrängt, sondern durchlebt und darin verarbeitet.
Bei *schwierigen Gesprächen* weiß man manchmal keine Antwort auf die Not oder die Fragen eines Menschen. Gelingt es dann, mich ganz in ihn hinein zu versetzen? Dafür muss ich mich selber „leer machen“, auf alle eigenen Ideen und Antwortversuche verzichten. Das fällt sehr schwer. Doch oft löst gerade dies im anderen Menschen einen heilenden Vorgang aus: Er fühlt sich zutiefst verstanden und angenommen, fasst Mut, findet sogar selbst eine Antwort. Mein „Nichts“ war die beste Hilfe für ihn.
Für eine *tiefe Beziehung in der Ehe* ist es nötig, dass einer dem andern Raum gibt. Er muss sich zurücknehmen, oft schweigen, zuhören, verzichten können, statt den andern nach eigenen Vorstellungen zu beeinflussen oder gar zu kontrollieren. Dann findet der Partner den Freiraum, sich zu entfalten und „er selbst“ zu werden. Sich so zurückzunehmen empfindet man oft als schweres Opfer, als ob man sich selber aufgeben müsste. Doch nur so, indem sie „zum Nichts werden“, können Menschen aneinander wachsen, und schließlich zum Geschenk füreinander werden.

Solche Wege erfordern den Mut des Glaubens. Als Zeichen mag uns dienen: Hält man das anfangs beschriebene „Kreuz der Leere“ gegen den hellen Himmel, verwandelt sich der Leib von Jesus, der aus „nichts“ besteht, in eine strahlende Lichtgestalt!

Zeit zum Verweilen und Nachdenken

➢ *Was war mir besonders wichtig – was will ich mir bewahren?*

Anregungen für das Gebet

Ich danke Jesus, dass er Anteil nimmt am tiefsten Dunkel im menschlichen Leben, sogar am „Nichts“ der Verlassenheit und des Todes.

Impuls für den Tag

Wem will ich heute „Raum geben“, indem ich selber „leer werde“?

➢ *Habe ich eine eigene Idee für diesen Tag?*

Ostersonntag
Ein Grab und drei Menschen

Einstimmende Übung zur Sammlung: siehe S. 11-13

Zur Besinnung

- Lesen Sie zu dieser Besinnung den Schrifttext aus dem Johannes-Evangelium 20,1-9 auf S. 85!

Menschen treten ans leere Grab

Drei Menschen gehen zum Grab Jesu: *Maria von Magdala – Petrus – Johannes.* Noch sehen sie nur das leere Grab, und das kann vielerlei bedeuten. Gerade darin mögen sie uns nahe stehen, die wir ohne die unmittelbare Begegnung mit dem Auferstandenen auskommen müssen. Wenn Menschen sich heute dem Osterfest nähern, treten sie ebenfalls gleichsam an ein leeres Grab. Wie reagieren sie? Kommen sie zum Glauben? Im unterschiedlichen Verhalten jener drei Personen kann sich wohl mancher wiedererkennen.

Maria Magdalena: aus Pietät am Grab

Warum besucht eine Frau frühmorgens das Grab eines Menschen, den sie sehr geschätzt hat? Doch wohl, um sich noch einmal an ihn zu erinnern, um ungestört ihrer Trauer, ihren Tränen freien Lauf zu lassen. Ein letzter Abschied... Und jetzt ist auch noch der Leichnam verschwunden! *Maria von Magdala* scheint in ihrem Schrecken nichts anderes wahrzunehmen, als dass ihr das Einzige, was ihr von Jesus geblieben war, auch noch genommen ist.
Nähern sich nicht heute manche in vergleichbarer Haltung – gleichsam „aus Pietät" – dem Osterfest? Eine schöne Tradition, Ostern zu feiern, umgeben von Volksbräuchen und Geschichten, die man nicht gern missen möchte. Und gewiss war doch Jesus ein bedeutender Mensch, der tragisch gestorben ist. Warum nicht auch in die Kirche gehen und wieder einmal die altvertrauten Ostererzählungen hören? – Auf diese Weise wird einer nur ein leeres Grab vorfinden! Der lebendige Herr aber bleibt ihm verborgen.

Petrus: der nüchterne Beobachter

Petrus hat es nicht allzu eilig, ans Grab zu gelangen. Er erscheint als nüchterner Beobachter. Sorgfältig prüft er den Sachverhalt. Ein merkwürdiger Befund: Die Leiche weg, aber die Leinenbinden geordnet noch da... Davon, dass Petrus dadurch schon zum Glauben gekommen sei, wird nichts gesagt.

Auch so gehen heute manche an Ostern heran. Sie setzen sich damit auseinander, wollen alles ganz genau wissen und prüfen: Wie zuverlässig sind die Überlieferungen? Kann man den Osterglauben der Jünger nicht auch „natürlich“ erklären? Welche Argumente gibt es, an die Auferstehung Jesu zu glauben? ... Solch redliches Bemühen ist gewiss anerkennenswert. Aber zum *Glauben* führt es gewöhnlich noch nicht! Am Ende steht ein System von Gründen und Gegengründen – schön geordnet wie die Leinenbinden im Grab, aber ohne Leben.

Johannes: „Er sah und glaubte“

Der *zweite Jünger* sieht nichts anderes als Maria Magdalena und Petrus – aber er sieht mehr, blickt tiefer! Warum er zum Glauben kommt, wird mit keinem Wort auch nur angedeutet. Eine Art „Sprung“ findet in ihm statt: *„Er sah und glaubte.“* – Wieso gerade bei ihm? Hat es damit zu tun, dass er „der Jünger ist, den Jesus liebte“? Zwischen Jesus und ihm bestand eine enge persönliche Beziehung. Hat diese ihm die Augen geöffnet, um tiefer zu blicken, wo andere nichts (noch nichts) erkennen konnten?
Menschen nähern sich Ostern. Sie suchen die persönliche Beziehung zu Jesus. Auch sie sehen nur das leere Grab, die altbekannten Erzählungen, die Argumente und Gegenargumente. Sie haben keinerlei Beweise. Und trotzdem kommen sie zum Osterglauben, wo andere schulterzuckend weitergehen. Sie werden selber „österliche“, aus Jesu Geist neu geschaffene Menschen.
Treten wir in dieser Weise ans leere Grab: mit der Bereitschaft, unser Herz berühren zu lassen und zu glauben! Nehmen wir den Auferstandenen als unseren Herrn und Retter an. Dann wird er selbst sich offenbaren. Dann werde ich – wie Johannes – *ein Jünger, den Jesus liebt!*

Zeit zum Verweilen und Nachdenken

- *Was war mir besonders wichtig – was will ich mir bewahren?*

Anregungen für das Gebet

Ich bitte Jesus um eine persönlichere Beziehung zu ihm, so dass er in mir lebendig werden, und ich mit ihm zum neuen Menschen auferstehen kann.

Impuls für den Tag

Mit dem lebendigen Jesus gehe ich durch diese Festtage, und suche als „österlicher Mensch“ zu leben.

- *Habe ich eine eigene Idee für diesen Tag?*

LETZTER TAG
RÜCKBLICK AUF KARWOCHE UND OSTERN / GESAMTRÜCKBLICK AUF DEN WEG

Einstimmende Übung zur Sammlung: siehe S. 11-13

Ich rufe mir die Leitgedanken der Besinnungen in Erinnerung:

Gründonnerstag: *Der „Neue Bund“.*
Karfreitag: *„Er hat sich leer gemacht“.*
Ostersonntag: *Ein Grab und drei Menschen.*

Ich denke nach:

- Was hat mich besonders angesprochen oder berührt?
- Ist mir eine besondere Erfahrung zuteil geworden?
- Hat sich etwas in meinem Leben verändert?
- Welche Aspekte der Liturgie konnte ich tiefer verstehen?
- Was war dabei die größte Überraschung für mich?
- Beobachte ich Veränderungen in meiner Weise, Gottesdienste mitzufeiern?
- Was möchte ich mir bewahren?

Zeit zum Verweilen und Nachdenken

Anregungen für das Gebet

- Ich *danke* Gott für gute Erfahrungen, neue Einsichten, inneres Wachstum, positive Veränderungen in meinem Verhalten, mehr Tiefe...
- Ich *übergebe* Gott alles, was unbefriedigend verlaufen ist. Im Vertrauen auf seine Vergebung darf ich es loslassen.
- Ich *bitte* Gott um Segen für alles, was ich mir vorgenommen habe.
  Ich bete um Vertiefung und Erneuerung des gottesdienstlichen Lebens in meiner Heimatgemeinde, und für mich selbst um einen immer bewussteren und intensiveren Mitvollzug der Liturgie.
- Vielleicht will ich noch in weiteren persönlichen Anliegen beten.

Anmerkungen

1) Konstitution über die heilige Liturgie *„Sacrosanctum Concilium“* Nr. 48.
2) *Ignatius von Loyola;* Die Exerzitien. Vorbemerkungen Nr. 2.
3) Der Begriff *„Liturgie“* ist abgeleitet von den griechischen Wörtern *„laós* = Volk“ und *„ergon* = Werk“, bedeutet also „Handeln des Volkes“.
4) *„Christifideles ... sacram actionem conscie, pie et actuose participent“* im lateinischen Original der Konstitution über die heilige Liturgie *„Sacrosanctum Concilium“* Nr. 48.
5) So u.a. *Romano Guardini* in: Vom Geist der Liturgie. Freiburg i. Br. : Herder-Verlag, 1922.
6) *Leonardo Boff;* Kleine Sakramentenlehre. Düsseldorf : Patmos-Verlag, 1976, S. 27-29.
7) *John Tolkien* ist bekannt als Autor der Fantasy-Trilogie „Der Herr der Ringe“. Zu der Welt, in der sich dieser Roman abspielt, verfasste er Hintergrundgeschichten, angefangen mit einer Art „Schöpfungsmythos“. Vgl. sein Buch „Das Silmarillion“, deutsch erschienen im Verlag Klett-Cotta.
8) *„Pascha“* (Aussprache: „Pas'cha“) bedeutet wörtlich „Vorübergang“ oder „Hinübergang“. Ursprünglich vielleicht ein Hirtenfest beim Wechsel der Weideplätze, wurde daraus eine Feier zur Erinnerung an das „Vorübergehen“ des Unheils (Tod der Erstgeborenen; vgl. Exodus 12,11-13), im übertragenen Sinn an den „Übergang“ aus der Sklaverei in die Freiheit, aus Ägypten ins verheißene Land. In der christlichen Sprache schließlich ist das „Pascha-Mysterium“ das „österliche Geheimnis“ des Durchganges durch den Tod in die Auferstehung.
9) Anfangs trafen sich die Christen zum gemeinsamen Mahl, und im Rahmen des Mahles erinnerten sie an Jesu letztes Abendmahl. Dies war auch eine soziale Maßnahme: Man teilte miteinander, Arme konnten sich satt essen (der letzte Rest davon ist heute die Kollekte!). Man mag es bedauern, dass die heutige Form der Eucharistie dieses Erlebnis des Teilens und der Gemeinschaft nur noch schwer vermitteln kann.
10) Auch die Erzählung vom „Opfer Abrahams“ (Genesis 22,1-19), wo Gott ein Menschenopfer zu fordern scheint, endet damit, dass Abraham seinen Sohn Isaak eben *nicht* opfern muss, und signalisiert damit, das Gott solche Opfer nicht will. Für ihn ist „Gehorsam besser als Opfer“ (1 Samuel 15,22).
11) Die Bedeutung des Kreuzestodes Jesu ist ein schwieriges theologisches Thema und sprengt den Rahmen dieses Buches. Wenigstens einige Hinweise finden sich in der Besinnung zum Kreuzzeichen: S. 38-39.

12) *Lothar Zenetti*, GOTTESLOB Nr. 210, 1. Strophe.

13) Heutige Liturgien sind leider oft so formell und festgelegt, dass sie Begegnung und Gemeinschaft wenig fördern. Man könnte sich Formen des Feierns vorstellen, die der spontanen Begegnung, dem Austausch und dem freien Beten mehr Raum geben (wie man es etwas in charismatischen Gottesdiensten findet). Gute Liturgie verbindet immer die feste Form mit spontanen Elementen. Auch könnte man sie verknüpfen mit Möglichkeiten zu ungezwungenem Beisammensein, gemeinsamem Essen, zu Bibel- oder Predigt-Gespräch, u.a.

14) *„Sýmbolon"* kommt vom griechischen Wort *„symbállein* = zusammenfügen". Man stellt sich dazu einen Gegenstand vor (z.B. eine Münze oder einen Ring), der zerbrochen und unter zwei oder mehrere Personen aufgeteilt wird. Nur diese Bruchstücke passen exakt zueinander. Fügt man sie wieder zusammen, erhält man einen absolut eindeutigen und fälschungssicheren „Erkennungs-Code".

15) Religionen sind entweder „polytheistisch" („es gibt viele Gottheiten"), „monotheistisch" („es gibt nur einen einzigen Gott") oder „pantheistisch" („die Welt selbst ist in ihrer Tiefe göttlich"). Das christliche Bild des dreieinigen Gottes nimmt von allen Formen etwas auf, ist in sich aber anders und einzigartig.

16) *Lothar Zenetti*; aus GOTTESLOB Nr. 210, Strophen 3-4 + Refrain.

17) Psalm 104,15. – Lesenswert hierzu auch: Jesus Sirach 31,25-31.

18) *Augustinus*; Bekenntnisse, 7. Buch, Abschnitt 10.

19) Nach *Anthony de Mello;* Eine Minute Weisheit. Freiburg i. Br. : Herder-Verlag, 1986, S. 9.

20) Wir sprechen von der „Aussetzung des Allerheiligsten": Jesus im Brot wird aus dem Tabernakel herausgestellt und unserem Blick „ausgesetzt" – doch auch wir setzen uns seiner heilenden und wandelnden Gegenwart aus! – Die folgenden Gedanken gelten für das persönliche Beten nach der Kommunion ebenso wie für die eucharistische Anbetung außerhalb der Eucharistiefeier.

21) Anscheinend ist es in keiner Landessprache so recht gelungen, eine griffige und sinngemäße Übersetzung des lateinischen *„Ite missa est"* zu finden. „Gehet hin in Frieden" ist ein schöner Entlassungsgruß, trifft aber die Bedeutung nicht voll.

22) In Exodus 3,13-14 wird der Gottesname *„Jahweh"* als Form des Zeitwortes für „da sein" gedeutet: „Ich bin da" bzw. „er ist da".

EINSTIMMENDE ÜBUNG ZUR SAMMLUNG (KURZFASSUNG)

Ankommen
Ich habe jetzt Zeit, Zeit zum Ankommen. Ich setze mich hin, in meiner gewohnten Meditations-Haltung, und komme zur Ruhe.

Den Leib fühlen
Zunächst spüre ich, wie ich sitze. Unter mir nehme ich den Boden wahr, der mich trägt, und ggf. die Sitzfläche des Stuhles.
Ich spüre in meine Leibmitte hinein: in den unteren Bauchraum, unterhalb des Nabels. Von dieser Mitte aus richte ich mich auf. Die Wirbelsäule kommt ins Lot; ich nehme ihre aufrichtende Kraft wahr. Ihr vertraue ich mich an. So sitze ich in einem entspannten Gleichgewicht.
Die Hände ruhen auf den Oberschenkeln oder schalenförmig im Schoß.

Den Körper entspannen
Ich löse alle Spannungen in meinem Körper: Arme und Hände ... Beine und Füße ... Rücken vom Kreuzbein ausgehend aufwärts, die Wirbelsäule entlang, bis zu den Schultern; dabei gelangt meine Sitzhaltung noch besser ins Gleichgewicht ... Hals und Nacken ...
Besonders aufmerksam entspanne ich mein Gesicht: Stirn, Augen, Wangen, Mundpartie... und spüre, wie das Gesicht frei und heiter wird. ... Ich entspanne die Kopfhaut und spüre, wie Druck vom Gehirn weicht. ...
Schließlich entspanne ich Brust und Bauchdecke und spüre, wie der Atem freieren Raum bekommt.

Mit dem Atem mitschwingen
Nun nehme ich meinen Atem wahr, lasse ihn frei gehen, wie er will, und atme alles Belastende aus. Mit dem Zwerchfell atme ich in die Tiefe des Bauchraumes hinein. Ich schwinge mit der Bewegung des Ein- und Ausatmens mit.

Den Geist zur Ruhe kommen lassen
Alle Anspannung lasse ich abfließen. Auch Druck und geistige Anstrengung lasse ich los. Die Gedanken kommen zur Ruhe. Ich lasse sie vorbeiziehen, wie sie in mir aufsteigen, ohne ihnen nachzugehen. ...
Eine innere Stille tritt ein. In ihr verweile ich.

Gegenwärtig und offen sein
Der Atem führt mich nach innen und in die Tiefe. Ich komme mir selbst, meiner inneren Mitte nahe. Ich ruhe in mir. So bin ich ganz wach und gegenwärtig. Ich öffne mich für das Geheimnis des Lebens, das in meiner Tiefe anwesend ist – und dafür, dass *Gott* mich berühren und ansprechen kann.

Gebete zur Einstimmung oder zum Abschluss einer Tagesbesinnung

Nur ein Stück vom Brot des Lebens, nur ein Tropfen aus dem Kelch,
dann bin ich mit dir verbunden, und mein Hunger wird gestillt.
Nur ein Schluck vom Strom des Lebens, von dem Wasser, das du gibst,
und die Ströme werden fließen aus der Quelle tief in mir. …
Jesus, berühre mich! Hole mich ab, öffne die Tür für mich!
Nimm mich an deiner Hand, entführe mich in deine Gegenwart.
Jesus, ich spüre dich, strecke mich aus nach dir, berühre dich,
und mein Herz brennt von neuem nur für dich, in deiner Gegenwart.

Aus einem Liedtext von *Albert Frey*

Immerfort empfange ich mich aus deiner Hand. So ist es und so soll es sein. Das ist meine Wahrheit und meine Freude. Immerfort blickt dein Auge mich an, und ich lebe aus deinem Blick, du mein Schöpfer und mein Heil.

Lehre mich in der Stille deiner Gegenwart, das Geheimnis zu verstehen, das ich bin. Und dass ich bin durch dich und vor dir und für dich.

Romano Guardini; Gotteslob Nr. 19/1

Dank sei dir, Vater, für das ewge Leben
und für den Glauben, den du uns gegeben,
dass wir in Jesus Christus dich erkennen und Vater nennen.
Jedes Geschöpf lebt von der Frucht der Erde,
doch dass des Menschen Herz gesättigt werde,
hast du vom Himmel Speise uns gegeben zum ewgen Leben.
Wir, die wir alle essen von dem Mahle,
und die wir trinken aus der heilgen Schale,
sind Christi Leib, sind seines Leibes Glieder, Schwestern und Brüder.
Aus vielen Körnern ist *ein* Brot geworden:
So führ auch uns, o Herr, aus allen Orten
zu *einer* Kirche durch dein Wort zusammen in Jesu Namen.
In *einem* Glauben lass uns dich erkennen,
in *einer* Liebe dich den Vater nennen,
eins lass uns sein wie Beeren einer Traube, dass die Welt glaube.

Aus einem Liedtext von *Maria Luise Thurmair*;
Gotteslob Nr. 484, Strophen 1-5

Printed by Books on Demand GmbH, Norderstedt / Germany